ESPIRAL
HISPANO
AMERICANA

OBRA POÉTICA

Volumen 1
(1965-1978)

ANA MARÍA FAGUNDO

Edición de Myriam Álvarez

ESPIRAL
HISPANO
AMERICANA

Editorial Fundamentos está orgullosa de contribuir con más del 0,7% de sus ingresos a paliar el desequilibrio frente a los Países en Vías de Desarrollo y a fomentar el respeto a los Derechos Humanos a través de diversas ONGs.

Este libro ha sido impreso en papel ecológico en cuya elaboración no se ha utilizado cloro gas.

© Ana María Fagundo, 2002
© Estudio preliminar, Myriam Álvarez, 2002
© Editorial Fundamentos, 2002
  En la lengua española para todos los países
  Caracas, 15. 28010 Madrid. ☎ 91 319 96 19
  E-mail: fundamentos@editorialfundamentos.es
  http://www.editorialfundamentos.es

Primera edición, 2002

ISBN (obra completa): 84-245-0940-4
ISBN (tomo I): 84-245-0928-5
Depósito Legal: M-39.378-2002

Impreso en España. Printed in Spain
Composición Francisco Arellano. Asterisco
Impreso por Omagraf, S. L.

Diseño de cubierta: Paula Serraller sobre dibujo de Elizabeth Friend.

A Spec porque fue. Porque estuvo.
Porque sigue acompañándome.

ÍNDICE

BROTES
La Laguna (Tenerife)
Imprenta Maype, 1965

ISLA ADENTRO
Santa Cruz de Tenerife
Gaceta Semanal de las Artes, 1969

DIARIO DE UNA MUERTE
Madrid
Colección Ágora, 197

CONFIGURADO TIEMPO
Madrid
Colección Arbolé, 1973

Invención de la luz
Barcelona
Editorial Vosgos, 1978

Introducción

Perfil biográfico de Ana María Fagundo

Nace Ana María Fagundo en 1938, en un momento decisivo para la historia de la España contemporánea. Nace un 13 de marzo en Santa Cruz de Tenerife, en plena contienda nacional, cuando aún no se sabía qué rumbo tomaría el final. Su infancia transcurre entonces en tiempos difíciles, en una posguerra dolorida y abatida por la incertidumbre, por el miedo, por la inquietud, circunstancias que ella ha de recordar siempre.

No fueron las islas desde luego escenario de la guerra civil, sin embargo, se vivió desde aquí la misma angustia, el mismo dolor y sufrimiento que en muchos lugares de la península. La distancia que separaba a las islas de los puntos neurálgicos en donde la guerra fue especialmente cruenta y brutal, no fue obstáculo alguno para sentir en carne propia los horrores de la guerra. Ana María Fagundo recorre entonces unos caminos de la infancia marcados por esa guerra, que ella percibe primero en el gesto amargo de los mayores, en sus conversaciones entrecortadas, en sus silencios repentinos; más tarde conoce la ausencia definitiva de conocidos, y, sobre todo, de su tío fusilado un año antes de su nacimiento, en 1937. Vivencias fragmentadas que volverán una y otra vez a su memoria hasta plasmarse abiertamente en alguno de sus poemas, como el que lleva por título «Los diecinueve» de *El sol, la sombra, en el instante,*

> Han pasado vientos de cincuenta eneros
> y vuelve insistente la infantil visión,
> se repite exacta, puntual, lastimera
> aunque yo le niegue su sombra en mi sol.[...]
>
> La niñez retorna dura y agorera
> con su agudo dardo de negro furor
> a mi actual estancia de luz y quimeras
> a hundirme de nuevo en la vieja visión:
>
> Diez y nueve hombres yacen fusilados
> en un claro día contra un paredón.

Pese a estas dramáticas circunstancias su infancia y adolescencia transcurren en un cálido ambiente familiar. Con su padre, que fue maestro nacional, aprende las primeras letras y de él recibe el impulso decisivo en el aprendizaje, en la transmisión de la cultura, como recuerda Ana María Fagundo,

> aquella voz que a leer me enseñara
> abriéndome un mundo de maravillas.
> aquella voz que mi canto animara
> en las primeras sombras de ser niña
> «Otoño» VI

Ella se convierte en la receptora directa de las enseñanzas del padre. Y al padre le corresponde orientar las inclinaciones, todavía incipientes, que despertaban en la hija, «por ti ayudada iba subiendo/ cuanto tu serena mano señalaba». De ahí que cada vez que hace alusión a su padre, lo haga a través de tres sustantivos («amigo, padre, maestro»), que evidencian los sentimientos de la autora. Asociadas al gran afecto de la hija hacia el padre se hallan las también grandes expectativas de éste para su hija. Ella es consciente y reconoce la proyección del padre en su vida («tus proyectos que en mí se realizaban»), así como el ánimo que la impulsaba a seguir sus consejos,

> Tú probabas a hacerme
> hermoso el universo;
> yo escuchaba tu acento
> en mis hondas esquinas
> y eludía tus ojos,
> me apartaba a mi centro
> —que era mío y tan tuyo—
> y allí corría el verso...
>   «Retorno en la ausencia»

Acaso sea esta la razón que lleva a Ana María Fagundo a ingresar en la Escuela de Comercio de Santa Cruz, actividad tan alejada del quehacer poético. Allí realizó sus estudios durante varios cursos; obtiene el título de Perito Mercantil en 1954 y, tres años más tarde, el de profesora Mercantil. Todo parecía indicar que iba a convertirse en una profesional del Comercio; sin embargo, la poesía había arraigado en ella desde hacía mucho tiempo y estaba ahí, esperando el momento propicio para revelarse, para salir a la luz. Un poema escrito mucho después, titulado «Retorno en la ausencia», *recupera* lo que podría ser el instante decisivo en la relación padre-hija, cuando el padre descubre «aquel tierno secreto», que no era otro que aquellas poesías que celosamente escondía. Y así nos lo cuenta:

> [...] encontraste el cuaderno
> de versos. Me miraste
> dudando, en suspenso.
> Y fue entonces mi luz

restallando por dentro,
la que abrió su cascada
e invadió tu silencio.

El hecho de haber conseguido en 1958 la beca Anne Simpson permitió a Ana María viajar a Estados Unidos, concretamente a California. En ocasiones, el destino humano cambia por algún acontecimiento que a primera vista pudiera parecer insignificante. Y así ocurrió en su vida: un sencillo viaje de estudios determinó un cambio de rumbo radical, para bien de la poesía, diría yo. En la Universidad de Redlands (California) comenzó entonces sus estudios de literatura; allí se graduó, en 1962, en literatura española y literatura inglesa. Más tarde se traslada a las Universidades de Illinois y Washington sucesivamente donde continúa ampliando sus conocimientos sobre literatura. En 1967, y por la Universidad de Washington, obtiene finalmente el Doctorado en Literatura Comparada, que comprende las especialidades de literatura inglesa, norteamericana y española. Y entre ambas fechas, en 1965, ve la luz en Tenerife su primer libro de poemas, *Brotes*.

Precisamente en 1967 Ana María Fagundo regresa a California y en el campus de Riverside, perteneciente a la Universidad de California, empieza a ejercer como profesora. Ella enseña Literatura Española del siglo xx en esta Universidad desde 1967. Comienza así y aquí una larga trayectoria docente, menos conocida que su faceta como creadora, eso sí, pero igualmente importante y valiosa. Esta labor docente ha quedado a veces velada y encubierta; no obstante, conviene valorar estas tres décadas de enseñanza ininterrumpida en un escenario diferente e inmersa dentro de una cultura ajena a la suya, como parte esencial de su biografía. Profesora paciente y caminante empedernida, también de vocación, Ana María Fagundo ha ido trazando su geografía particular entre puntos distantes y alejados, que convergen en el espacio siempre abierto de su poesía, su vocación primera.

En California han transcurrido muchos años de docencia callada y silenciosa. Muchas generaciones de jóvenes hispanos y norteamericanos han recibido las enseñanzas de esta canaria universal, que ha pretendido en todo momento transmitir el gusto por la lectura y el conocimiento de nuestros escritores, por mantener el español como vehículo ineludible de una cultura, que compartimos con tantos pueblos americanos. Allí ha desarrollado su vocación de profesora mediante el diálogo lento y pausado con los alumnos y a través de esa disponibilidad generosa que la caracteriza. Ana María ha sido testigo de la paulatina transformación que el estudio de la literatura ha sufrido en el ambiente académico americano en los últimos tiempos; de los conflictos inherentes a la convivencia entre varias culturas y sistemas educativos diferentes; ha presenciado la aparición y el natural desgaste de modas literarias, de enfoques críticos; ha vivido los avatares de la lengua española en Estados Unidos. Y a lo largo y ancho del tiempo ha ido construyendo su visión equilibrada del hecho literario en sí, desde la doble perspectiva de creadora y de docente crítica, sensible en todo momento a los cambios, pero extremadamente cuidadosa y meticulosa a la hora de aceptar las innovaciones. Por esta razón en su trayectoria profesional se pone de manifiesto la conexión en todo beneficiosa entre la teoría y la praxis, entre la experimentación singular de la poesía y la reflexión teórica que sobre aquella incide.

Dentro de esta vertiente académica, su labor es a la vez crítica e histórica en torno a la literatura norteamericana —*Vida y obra de Emily Dickinson* (1973), *Antología bilingüe de poesía norteamericana: 1950-1980* (1988) como libros fundamentales— y a la literatura española de posguerra, preferentemente. Son numerosos los trabajos que han ido apareciendo como capítulos de libros —en *De Scripta Hispanica* (1990), *Spanish-American Women Writers* (1990), *Estudios sobre Miguel Hernández* (1992)— o en acreditadas revistas especializadas, tanto españolas —*Ínsula, Cuadernos Hispanoamericanos, Anthropos, Revista de la Universidad Complutense, Letras de Canarias, Poesía Hispánica, Revista Canaria de Estudios Ingleses*— como americanas —*Cuadernos Americanos* (México), *Letras Femeninas* (Estados Unidos), *Letras de Buenos Aires, Romance Notes* (Estados Unidos).

A lo largo de estas tres décadas, la investigación que ha llevado a cabo, además de las reflexiones que muy posiblemente le han suscitado sus clases, han dado como resultado muchos ensayos y artículos, cuya temática va trazando, sin duda, el mapa de sus preferencias y sus gustos en constante evolución. Siempre fiel a la obra de Emily Dickinson —es la escritora más estudiada por Fagundo de quien puede considerarse una gran especialista— ha atendido en sus comienzos con sumo cuidado la poesía de Blas de Otero, Carlos Bousoño, Vicente Gaos, Gabriel Celaya y José Hierro, para ir centrando poco a poco su investigación en la recuperación de escritoras, menos conocidas, y en algún caso, ignoradas por la crítica. A esta segunda «etapa» pertenecen sus trabajos y ensayos sobre aspectos de la poesía escrita por Ángela Figuera, Carmen Conde, Concha Zardoya, Angelina Gatell, Elena Soriano, Acacia Uceta, Concha Lagos, Elena Andrés, Olga Orozco y Sylvia Plath.

Junto a estos, conviene destacar dos trabajos, «El teatro de Ana Diosdado» y «La mujer en el teatro de Paloma Pedrero», publicados en 1987 y 1995 respectivamente, que demuestran el interés de Ana María Fagundo por el teatro, a la vez que suponen una aproximación al estudio de la mujer-dramaturga, menos frecuente que su papel como poeta o narradora. Muchos de estos ensayos han sido reunidos en un volumen, bajo el título de *Literatura femenina de España y las Américas* (1995).

* * *

Al hilo de esta preocupación por la literatura, y por la poesía en particular, cabe añadir su actividad como lectora. Consciente de que la poesía es capaz de materializar un espacio deseante y deseado a través de la fuerza rumorosa de las palabras que suenan, tanto como de las significaciones que despliegan en la imaginación receptora, Fagundo ha participado en numerosos recitales y foros consagrados a la difusión de la poesía, leyendo sus propios poemas. La voz de Ana María Fagundo se ha oído inquebrantable en China y Nueva Zelanda, desde Argentina hasta Canadá, pasando por México, Paraguay, Colombia, Venezuela, Puerto Rico, Cuba, y en muchos lugares de Estados Unidos, dando vida ella misma al universo tan suyo —tan nuestro ya— de su poesía. Costumbre casi desaparecida en nuestro país, la lectura poética en todo el continente americano mantiene una arraigada y vigorosa tradición, como herencia de la oralidad perdida. El poder de la palabra hecha poema es tremendo; escrita, seduce en la soledad de la lectura, pero «recitada», trae consigo una suerte de resonancia halagadora que ilumina todo aquello que permanece opaco. Ana María Fagundo sabe que es necesario familiarizarse con los poemas, dejándose poseer por su ritmo interior, por la fuerza de las palabras. Entonces la lectura activará esas sensaciones o intuiciones de aquellos que escuchan recitar la poesía.

* * *

Su ánimo emprendedor y su entusiasmo insuperable por la literatura la llevaron a fundar la revista *Alaluz*.

Nombre emblemático para dar título a un medio de propagar la creación artística en todas sus manifestaciones. Desde 1969 hasta hoy las páginas de la revista *Alaluz* han sido el cauce de expresión de escritores de nacionalidades diversas, de poetas consagrados, de jóvenes que dan sus primeros pasos en el problemático mundo editorial; de mujeres creadoras, poetas o narradoras que ofrecen a la lectura sus experiencias autobiográficas. La revista que dirige Ana María Fagundo ha pretendido conjugar, y lo consigue ciertamente, la creación y la actividad crítica; la literatura escrita en este continente y aquella otra que surge en países latinoamericanos. La revista se convierte, por tanto, en un puente de unión entre lugares geográficos distantes, en un lugar de encuentro a donde acudimos para saber y sabernos representados. Fiel a este propósito, *Alaluz* ha proyectado números especiales para dar cuenta del algún acontecimiento sintomático; así destacamos el dedicado, en 1988, a poetas españolas en una edición bilingüe —*Poesía femenina española del siglo XX*— que supuso la difusión y conocimiento en Estados Unidos de muchas voces femeninas españolas ignoradas.

A pesar de que el subtítulo alude a determinadas formas artísticas —revista de poesía, narración y ensayo— cabe señalar la atención esmerada con que se trata el diseño gráfico de la misma. En mi opinión es un rasgo más de la estima que para la autora canaria tiene esta revista. Busca siempre la colaboración de pintores de gran creatividad, algunos muy afamados, para distribuir a lo largo de la revista sus cuadros o grabados. Son muchos los números de *Alaluz* que consiguen una perfecta coherencia entre la temática de los textos publicados y las ilustraciones complementarias que los acompañan.

Hasta el presente Ana María Fagundo ha escrito diez libros de poemas[1]. Cada uno representa un fragmento único e irrepetible en el complejo mundo poético, donde tienen existencia merced al encuentro y convergencia de impulsos temáticos y formales procedentes de su capacidad creadora. Todos sus poemarios pueden considerarse como el fluir ininterrumpido de un mismo impulso bajo corrientes y momentos diferentes. Cada libro mantiene un secreto diálogo con el total de la producción poética, como si a la vez que su obra fuera creciendo, se recobrase parte de lo ya escrito. Ello demuestra que Fagundo es poeta convencida y constante y que apenas se deja llevar por modas e imposiciones pasajeras. Ha logrado mantener en su itinerario poético una probada independencia, siguiendo en todo momento sus propias decisiones «creativas». Su quehacer poético se fragua en hondo espacio, inaccesible a las veleidades y ligerezas que nuestra época reclama con incómoda insistencia. Como ella misma afirma:

> Yo no sé ponerme en pasos de alguien
> ni marcar la ruta a los que siguen;
> sólo sé de mi canto.
> «Entrega»

La crítica se ocupó pronto de la poesía de esta mujer dotada de una gran sensibilidad y de una fuerza imaginativa y expresiva admirable. Además, no se debe olvidar, a este respecto, el interés que su poesía ha despertado en

---

1 Al margen queda *La miríada de los sonámbulos*, Ediciones Universal, Miami, 1994. Conjunto de narraciones breves de diversa índole, que representan dentro de la producción creativa de la autora canaria la única incursión en el género narrativo.

ámbitos y lugares diferentes, y que puede medirse en función de las lenguas a que se han traducido muchos de sus poemas: inglés naturalmente, italiano[2], alemán, polaco, francés, portugués, lituano e incluso chino.

Críticos y profesores de este y del otro lado del Atlántico han ido aportando valiosas interpretaciones y acertados juicios a medida que sus libros de poemas veían la luz. Primero en forma de reseñas o recensiones en revistas y periódicos especializados; más tarde, con trabajos e investigaciones, que analizan aspectos fundamentales, cuestiones de estilo, expresivas o semánticas, tratamiento simbólico o imaginativo, con la intención de desvelar el sentido último de la poesía de Fagundo; trabajos que se presentan en congresos, o que se publican en revistas de crítica literaria. Son muchos los enfoques desde los que se ha enjuiciado la obra poética de la autora canaria y muy enriquecedores los resultados obtenidos. Puede afirmarse que las investigaciones realizadas bajo tales perspectivas han contribuido, qué duda cabe, a una aproximación crítica de gran importancia y probada calidad, como puede comprobarse en la sección bibliográfica[3]. No obs-

---

2 Citemos las monografías *The Struggle for Being: An Interpretation of the Poetry of Ana María Fagundo* de la profesora Zelda Brook, Ediciones Universal, Miami, 1994 y *La obra de Ana María Fagundo: Una poética femenino-feminista* de Silvia Rolle, Fundamentos, Madrid, 1997; el libro que reúne ensayos y estudios de diversos autores y de temática muy variada preparado por Antonio Martínez Herrarte, *Ana María Fagundo; texto y contexto de su poesía*, Madrid, Editorial Verbum, y los trabajos aparecidos en revistas (o capítulos de libros) de Biruté Ciplijauskaité, Susana Cavallo, Antonio Martínez Herrarte, Zelda Brooks, Mª Elena Bravo, Antonio Gómez Yebra, Héctor Mario Cavallari, Mercedes Junquera, Teresa Valdivieso, F. Javier Peñas-Bermejo, Candelas Newton, Silvia Rolle y Myriam Álvarez, entre tantos otros (véase la bibliografía, pág. 51).

3 Recordemos que recientemente, en 1999, se ha publicado en Bari (Italia) una *Antología poética*, que reúne un nutrido conjunto de poemas traducidos a la lengua italiana. La introducción a esta antología la ha realizado la profesora Silvia Rolle.

tante, y pese a todo, el singular talante de Ana María Fagundo, no encasillado en modas o modos convencionales ha hecho difícil valorar en su totalidad su poesía, que aún hoy espera una construcción crítica global y satisfactoria.

Sin sobresaltos, de forma pausada pero penetrante y sagaz, Ana María Fagundo ha ido dando su peculiar visión del universo a través de estos diez poemarios, que ahora se reúnen en esta *opera omnia*. Poesía hecha fuera de su tierra natal, que supone el notable esfuerzo por mantener el significado y prolongar la sonoridad de unas palabras distantes, alejadas, que, pese al hábito de otra lengua que la envuelve y «asaetea», permanecen adheridas al núcleo mismo de su poesía. Ligada a la universidad americana, ha ido desarrollando su trabajo en otro lugar de residencia con tenacidad, con sosiego. Entre clase y clase, entre largos paseos por las playas del Pacífico o por las aburridas calles de Riverside en torno a su casa de madera —como gusta denominarla— Fagundo fue creando —verso a verso, voz a voz— el vasto espacio palpitante de su poesía. Y ahí ha ido alojando, depositando, las experiencias y las vivencias más singulares de su propia vida, porque por más que se quiera desunir en términos teóricos, la obra creativa permanece indisolublemente fundida a la biografía del artista, o como apunta Octavio Paz, «los poetas no tienen biografía; su obra es su biografía»[4]. El componente biográfico no sólo ayuda a entender su creación, sino también todas aquellas variaciones y sacudidas propias de la voz poética, que se construye mediante la escritura. En este sentido puede afirmarse que el universo poético de Ana María Fagundo está plenamente afincado en su tiempo existencial sin roces ni fracturas. La imaginación de la poetisa canaria ha buscado

---

4 Estas palabras están tomadas del prólogo a la *Antología* de Fernando Pessoa, editada por la Universidad de México, en 1962.

los sentimientos más profundos y la forma de materializarlos a través de imágenes conceptuales[5]. Desde sus primeros libros existe una conciencia de «poeta», como si se tratara de una experiencia que partiera de un impulso incontrolable, como si fuera una emoción auténtica que rompiera los cauces de cualquier reflexión calculada en términos retóricos. Es muy posible que este sentimiento arraigado en su actitud lírica haya sido la causa de su no rendición ante la alternativa *social*, de gran seguimiento en el contexto histórico en que se inicia su poesía. Y es también probable que derive de este firme arranque la construcción de una línea temática presente en la mayoría de sus libros, me refiero al discurso *metapoético*, o reflexión sobre el hecho mismo de la escritura poética[6], porque al fin y al cabo es

> La palabra, lo único que siempre está,
> que siempre queda.
> «Permanencia de la Palabra»

En forma de narración o mediante imágenes, la voz poética hace referencia al proceso de creación, especialmente la relación texto-autor, con la pretensión de conocer el misterio que origina tal experiencia. Teñida de una cierta rebeldía, la búsqueda fracasa a veces, originando poemas profundos y dolientes (en *Invención de la*

---

5 En la revisión y posterior análisis de la obra poética de Ana María Fagundo para esta Introducción se han tenido en cuenta algunos de los planteamientos que Antonio García Berrio expone en su *Teoría de la Literatura (La construcción del significado poético)*, Cátedra, Madrid, 1989.

6 Para una aclaración del concepto de *metapoesía* puede consultarse el trabajo de Carlos Bousoño «La poesía de Guillermo Carnero» en G. Carnero, *Ensayo de una teoría de la visión*, Hiperión, Madrid, 1979, así como el de Ignacio Javier López, «El olvido del habla: Una reflexión sobre la escritura de la metapoesía», en *Ínsula* 505, 1989, págs. 17-18.

luz, por ejemplo). Pero su entusiasmo a prueba de toda caída la lleva de nuevo a seguir,

> mi ir y venir [...]
> esa titubeante letra del alma en vuelo
> que se alza, sube, baja, tropieza, cae
> y se levanta dispuesta al comienzo,
> a recrear de nuevo el mundo.
> «Confesión»

Si muchos poetas imbuidos en este contexto histórico —de crisis— terminaron por desconfiar de la capacidad del lenguaje poético para expresar la experiencia de esta realidad, produciéndose un distanciamiento con respecto al autor, en Fagundo sin embargo, no tiene lugar esta ruptura, acaso porque la estética feminista, de la que a su manera participa, se empeña en afirmar la figura del sujeto (femenino) como entidad irrenunciable, que se construye precisamente en la escritura.

A caballo entre California y España, ha vivido unos años cruciales y decisivos para la literatura escrita por mujeres. Influenciada sin duda por las ideas que se difundían en América primero, y más tarde en España, Fagundo afronta y se enfrenta a la vida —y en consecuencia a la literatura— de forma muy diferente a como lo habían hecho sus predecesoras: en libertad y con la seguridad de saberse poseedora de la palabra poética, al margen de cualquier exigencia o imposición,

> Soy una mujer entregada al candor primero del universo;
> una mujer que cree en la cintura de la brisa
> y en la ternura de una mano sobre el hombro
> y por eso digo con claridad, mi claridad la mía que
>   [llevo por dentro
> como esa punta alzada que es el barro de mi cuerpo
> de mi isla en soledad de mares,
> lo que siento

cuando los días tienen un sesgo diferente
y me vibra el mundo entre los pechos
y el alma se pone toda a vuelo
como si de nuevo me inventara el universo.
          «Confesión»

Y naturalmente en su obra poética se escuchan los ecos de la intensa transformación que experimenta la poesía *femenina*, a partir de los últimos años de los setenta. Sin encerrarse en rígidos parámetros, Ana María va engarzando en un esfuerzo ejemplar la redefinición de lo femenino a la tarea ineludible del conocimiento y posesión del mundo. Síntesis lírica de extremada factura, que asombra por el perfecto empaste entre ambos discursos. Las palabras y las imágenes van fijando, perpetuando, este universo intacto y gozoso, desprendido de la existencia de la poetisa canaria como fruto en sazón. No es adopción de una moda pasajera; sí es conciencia clara y diáfana de su-ser-mujer ante la realidad; sí es plenitud del sentimiento de la experiencia inédita; sí es presencia constante y prolongada a lo largo de todos sus poemarios.

La producción poética de Ana María Fagundo se convierte así en fiel representante de la profunda evolución de la poesía *femenina* a lo largo de estas tres décadas finales del siglo xx. Sus libros de poemas han ido cubriendo con absoluta regularidad esta compleja y heterogénea etapa de la poesía española y ocupan en la actualidad un lugar destacado, casi privilegiado podría afirmarse, en la encrucijada de caminos y tanteos poéticos de estos últimos años.

EL ENTUSIASMO: *BROTES* (1965) E *ISLA ADENTRO* (1969)

Es 1965 año de estreno para la poesía; año en que emerge la voz conmovida de una poetisa *en ciernes* para anunciar con un canto jubiloso su visión alborozada de la vida, para iniciar la exploración espontánea de lo exterior en perfecta armonía con un pre-sentimiento interior, más íntimo a medida que avanza su poesía. Y cuatro años más tarde la entrega de *Isla adentro* corrobora el buen hacer y el entusiasmo que emprendió con su paradigmático *Brotes*. Ana María Fagundo pone los cimientos del gran espacio físico que será su poesía: espacio abierto donde se siente viva y anhelante y desde donde su mirada paseará por el mundo, antes de hacerse palabra y arrebatada poesía. Ambos son libros de crecimiento, de forzosa apertura hacia el exterior y de indagación mesurada sobre las cosas que la rodean. Ambos fueron publicados en Tenerife, cuando ya hacía un tiempo que estaba instalada en Estados Unidos. Emprende entonces una tarea *en soledad*, originada *en la soledad* estricta de una isla, como nos advierte en estos versos,

> sola
> recogida
> ola aún no espuma
> capullo aún no rosa
> brote ciego tanteando su cromático despliegue
>> inminente ser en ciernes.
>> «Gestación»

Impulso primero y fugaz de una trayectoria que paso a paso se irá consolidando más allá de los bordes rocosos de una isla. Se percibe la decidida voluntad de ir ordenando la caótica realidad, entre voces y gritos que proclaman su fuerza, su inmensa resistencia a no ceder en la dura batalla de la existencia. Desde los primeros poemas, Fagundo impone su lucha contra el decaimiento a través de esa peculiar forma de elevación que se descubre insistentemente. Es como si la «isla en punta» invitara forzosamente a desplazarse de abajo a arriba, en un movimiento que persigue la ligereza, la casi ingravidez.

Conviene advertir en este punto que ya en estos poemas primeros se prefiguran algunas de las imágenes que van a atravesar, fluctuantes y de indecisos perfiles en ocasiones, su obra poética. Son el resultado de una elaboración paciente, que presupone la relación previa de lo objetivo y su visión subjetiva. Casi sin buscarla, la *metáfora de la isla* le salió al encuentro. Y la hizo suya, y se instaló en ella de forma natural y espontánea. Esta permanente referencia al paisaje de Tenerife se ha querido entender a veces como mención de su canariedad, como alusión a un lugar *per se* exótico y un tanto desconocido, de ahí su atractivo. Sin embargo, es necesario insistir en la especial condición textual que posee la *metáfora de la isla*. La isla es el lugar geográfico donde nació y transcurrieron sus primeros años, según cuenta la propia escritora «esa geografía de la tierra en punta es para mí un símbolo urgente, vivo, tenaz, de la problemática de la existencia humana. El ser humano se yergue desde el misterio de su nacimiento —su mar— hasta el misterio de su muerte —su cielo— y mientras tanto todo en él es geografía»[7]. Por más que la *isla* esté imbricada al paisaje real, pasa de ser la experiencia exacta de lo inmediato para adentrarse en ámbitos textuales de mayor calado a medida que va creciendo su obra poética. Puede comprobarse en estos versos tomados del poema «Reverdecida» de *Configurado Tiempo*,

> [...] La vena no es vena
> si uno no tiene un paisaje
> que le diga que es sangre de mar,
> de montaña, de cumbre, de isla

---

7 Estas palabras están tomadas de «Mi literatura es mía en mí», *Literatura femenina de España y las Américas*, Fundamentos, Madrid, 1995, pág. 59.

y sentir que al decirlo se va tanteando
por dentro todo un chorro de luz
que estaba semidormido esperando
a que un paisaje abriera
un resquicio por donde fluyera con ímpetu
la dicha de saberse ladera de lava viva,
volcán,
plegaria en punta,
porosa carne de piedra,
leve zahorra que espera el agua
para ser tierra fértil,
para volver a ser.

Es como si poco a poco la existencia (real) de la *isla* dejara paso a su esencia, acaso motivada por la lejanía física; la *isla:* material poético de inapreciable e ineludible valor, que arrastra tras sí su existir en soledad. La situación lírica penetra y transfigura la existencia normal de los elementos —la lava, la roca, el mar, el acantilado— elaborando de esta forma la densidad poética del *mito de la isla.*

CONCIENCIA DEL DESTINO: *DIARIO DE UNA MUERTE* (1970)

Diario de una muerte es la elegía más completa y mejor diseñada de la poesía española contemporánea. Tiene razón Martínez Herrarte cuando afirma que «hay que volver atrás cinco siglos en la historia de la literatura española, a las Coplas de Jorge Manrique, para encontrar algo parecido a *Diario de una muerte*, tal es el designio del poemario que Ana María Fagundo dedica a su padre»[8]. Supone una fractura inevitable en el pro-

---

8 En la Introducción de la *Antología (1965-1990)*, Viceconsejería de Cultura y Deportes, Gobierno de Canarias, 1994, pág. 11.

ceso de aprendizaje, ya que el entusiasmo de los primeros libros se ve de pronto frenado por la presencia devastadora de la muerte. Es una elegía articulada en cuatro cantos —las cuatro estaciones del año— que revelan el movimiento cíclico de la vida, con la intención de recuperar el punto de partida. Es un trabajo de cuidada hechura, en donde se mezclan materiales encontrados en la tradición literaria, con aquellos otros originados de forma espontánea en el espacio recóndito de su memoria; es un lamento profundo en donde resuenan ecos medievales junto a componentes temáticos de utilización frecuente en poetas contemporáneos; es, en fin, un cruce de fronteras genéricas, por cuanto una sustancia extremadamente lírica —el dolor ante la muerte del padre— se inserta en unas estructuras discursivas narrativas, en cierto modo alejadas de un contenido esencialmente lírico[9]. Y todo ello ejecutado con especial maestría, empastando tan heterogéneos elementos en un diario lírico a través del que el lector va conociendo el lento y doloroso proceso de la enfermedad del padre y su ulterior ausencia. Pero especialmente este poemario da cuenta de la repercusión de la muerte del padre, amigo y maestro, en Fagundo, ya que significa la ruptura de un «diálogo» y la forzosa afirmación en sí misma. A partir de este momento, remonta los márgenes de una identidad predefinida, titubeando tal vez, pero consciente de la presencia inevitable de la muerte.

---

9 Para el estudio de este aspecto, así como el de las imágenes en *Diario de una muerte*, puede consultarse mi trabajo «El tópico en *Diario de una muerte*», en *Hispanófila*, núm. 130, 2000, págs. 27-40.

LAS TRAZAS DE UNA POESÍA: *CONFIGURADO TIEMPO* (1973)
Y *DESDE CHANATEL, EL CANTO* (1981)

Dos libros de poemas publicados en Madrid y Sevilla respectivamente intentan organizar el espacio abierto de la poesía. Entre uno y otro escribe *Invención de la luz*, publicado en Barcelona en 1978.

Configurado tiempo y *Desde Chanatel, el canto*, representan el diseño temporo-espacial que requería su poesía. Se inicia una andadura de firme consistencia, aunque llena de tensiones interiores, de veladas decisiones. Ana María Fagundo comienza auténticamente un viaje más reposado, de reflexión honda en un intento de apresar el instante que fluye sin cesar. Simultáneamente sus versos se van alargando por la página en blanco, acaso intentando acompasar el ritmo más pausado de su pensamiento. Fagundo parece sentir a partir de este momento una marcada predilección por el poema largo, de amplios versos junto a sorprendentes pentasílabos —a veces, tetrasílabos— en donde se combina con acierto la concentración temática y el desarrollo verbal de sus emociones. En todo semejante a la construcción de un edificio, los poemas extensos de estos dos libros van consolidando, como sólidas columnas, su universo poético.

El tiempo vuelve a ser para ella, como para tantos otros poetas, la sustancia del poema. El tiempo aparentemente inmóvil germina y se convierte en vida, en obra poética, después del momento privilegiado de indecisión («yo no sabía que el tiempo/ pudiera salirse de sí mismo y florecer»). Con este libro parece quedar definitivamente perfilada la sección del mundo acotada por los límites de una decisión esencial, que descarta a las demás. El tiempo del *recuerdo* y el de la *vida* y el *amor* unidos y confundidos en este presente ambivalente que lo abarca todo, en este pasado incorporado al tiempo en que vive intensamente,

En este ahora de entonces
te vuelves a encontrar
y te tocas renovada, revivida, [...]
Ya estás en ese entonces de ahora
abierta de nuevo
con ansiedad de surco.

El espacio en un tiempo engarzado es Chanatel, desde donde se reafirma su voluntad de vida, desde donde se alza el canto. Chanatel simboliza el punto de encuentro —«espacio señalado»— entre su pasado y su presente, a la vez que la búsqueda de su propia identidad de mujer.

En *Configurado tiempo* aparece de nuevo el entusiasmo vital, característica constante de la poesía de Fagundo. Ahora parece demostrar una fe en la vida más firme y recia si cabe, desde el conocimiento directo de la muerte; una vida asumida sin paliativos, en sus exactos términos. Y en *Desde Chanatel, el canto* retorna la idea precisa de la elevación; ese sentido ascensional progresivo que domina en sus poemas («desde Chanatel esta alucinada cima/ que escalamos a golpes de ternura,/ que hacen cumbre y descubren cúspides»), como si fuera la actitud permanente de su percepción de la realidad.

Ambos libros desvelan la identidad poética de Ana María Fagundo, que no es otra que la vivencia consciente de saberse «ser en el tiempo» y en un espacio que paulatinamente va creando. En *Configurado tiempo* y en *Desde Chanatel, el canto*, se establece definitivamente el espacio simbólico en donde encuentra sentido su propia vida; allí —inevitablemente en la isla— está «nuestra primera conciencia del tiempo», y allí, descubrirá «que nuestro caminar tiene su rumbo,/que nuestros pasos no van a la deriva». Un tono esperanzador domina el cerco decisivo para «estrenar» este nuevo espacio «señalado». Jubiloso es su canto desde este «chanatel» recién creado, que, como un grito, proclama la conformación de su identidad en un marco, cuyos límites no son mensurables porque están más allá de un tiempo y un espacio determinados, pese a que se haga referencia a «mi isla de siempre».

Un anhelo expresado: *Invención de la luz* (1978)

Galardonado con el premio Carabela de Oro en 1977, *Invención de la luz* queda enmarcado entre los poemarios *Configurado Tiempo* y *Desde Chanatel, el canto*, como una exploración jubilosa en torno al misterio de la creación poética. Anhelo impreciso, aspiración enardecida en busca del latido interior del que brota el poema. Es la necesidad de conocer el enigma del impulso generador de su andadura, porque a la vez servirá para conocerse en su centro («este aleteo inmenso siempre conmigo», proclamaba ya en sus primeros libros). Esto demuestra que los sentimientos y las preocupaciones de la poeta canaria son desde su comienzo los mismos; lo que cambia es el ángulo desde el que se divisan, la hondura reflexiva con la que crecen y se ramifican por imprevisibles e insospechados caminos.

En *Invención de la luz* se percibe ya una forma madura de acotar la realidad, opresiva a veces, que sustituye al deseo adolescente de otros poemas anteriores. La luz brilla con plenitud en sus poemas, tomando un protagonismo simbólico. La luz, esencia de la vida y de sus experiencias, se filtra por las más variadas y recónditas hendiduras del texto, creando el *mito de la luz*.

La palabra poética se hace luz, destello puro, en una misteriosa revelación de dentro a fuera. Compleja experiencia la que persigue clarificar a través del inevitable contraste entre la luz y las tinieblas. La luz es más luz, si queda circunscrita por la noche; el ser es más ser, si se atrinchera contra la muerte, o el vacío. Y entre una y otra realidad, los sentidos —asideros inexcusables de nuestro andar a tientas por el mundo— y entre los sentidos, el tacto («yo toco aquí») se convierte en el soporte fiable del conocimiento, en el hilo conductor del discernimiento, y, por supuesto, en el contacto primero con el poema. El tacto puede aproximar, aún más que la mirada, los objetos concretos al sujeto, y permite exaltar sus perfiles, conocer sus rígidas o suaves formas. De ahí que sea el «tacto azul» el primer paso de la poesía. Ana María Fagundo pone empeño en crear un universo tangible, mediante imágenes y alusiones tomadas de la tradición amorosa; es un mundo abierto y sin fronteras, pero denso, el que se extiende por los largos versos de los poemas de *Invención de la luz*; un mundo que quiere ser bello sin ostentación, habitado únicamente por la voz poética y la poesía en un abrazo lírico de máxima tensión. Relación amorosa entre la palabra y la voz poética, en todo semejante a la de apasionados amantes que comparten vivencias profundas y transfiguradoras; relación, por tanto, de exigencia y afán de posesión, de sombras y luces, de alegría y dolor,

> Tenerte así tan cerca, tan vibrante, tan mía,
> [...] y sentir tu turgente cuerpo de palabras,
> tu voz más íntima restallando sobre la página.
> Saberte mía desde siempre,[...]
> y haber estrenado tu primer pudor de adolescente
> «Proximidad de la poesía»

Los poemas de *Invención de la luz* persiguen eternizar un instante de inestable equilibrio a través de ese «tacto de luz», comienzo y guía de toda creación poética. La luz y el mar rigen este mundo donde tiene lugar tan feliz encuentro. Un mar profundo, impenetrable, sin tormentas pero en perpetuo movimiento, representa la horizontalidad infinita, frente al sentido de elevación, siempre presente. El espacio creado se ahonda aún más, se hace expansión inconmensurable; por eso la sensación de soledad es inmensa en el momento mismo de la creación,

> Estoy sin ti. Estoy sin otra luz
> que ésta mi página en blanco,
> mi momento más mío;
> «Mar sin ti»

Curiosamente estas dimensiones absolutas de lo vertical y lo horizontal suponen apertura y claridad, dominio de la luz y del «tibior de la ternura», en oposición a la sombra del tiempo que se esconde en lugares no rectos; entonces la *esquina*, el *hueco* u *oquedad*, el *recodo*, el *ángulo* son espacios apropiados para ocultar el dolor por el paso del tiempo y el sufrimiento existencial, esto es, el dominio de las tinieblas. Voluntad luminosa y optimismo sin mesura constituyen el centro de este espacio, bordeado por la conciencia de la noche. Todo ello responde, tal vez, a una decidida voluntad organizativa de juego de contrarios, de contraposición entre la luz y la oscuridad, el dolor y la alegría, como condición estructurante de este poemario.

LA DÉCADA DE LOS OCHENTA: *COMO QUIEN NO DICE VOZ ALGUNA AL VIENTO* (1984) Y *RETORNOS SOBRE LA SIEMPRE AUSENCIA* (1989)

Sin duda, podría afirmarse que los seis poemarios anteriores han servido a Ana María Fagundo para descubrir —y conquistar— la realidad, re-crear su propio mundo, así como para iniciar la construcción del sujeto poético, de su identidad mediante la escritura. En los años ochenta, dos libros de poemas publicados en Tenerife y California van a dar un paso más en esta aventura singular de su poesía.

El primero de ellos, *Como quien no dice voz alguna al viento*, torna al tema de la creación poética, pero en otros términos. Se percibe un repliegue formal (los versos son de andadura más corta) que parece retener su pensamiento por un cauce más estrecho, aunque, por esa misma razón, más robustecida emerge su afirmación personal («pugno por sentir físico mi cuerpo/ sobre la tierra que piso»). Atrás queda el tanteo, la indagación de la realidad, sustituido por la «permanencia de la palabra» y la «voluntad de concreción».

La vida es ahora un camino machadiano en soledad casi absoluta («árbol solitario en la llanura»), sólo atenuado por la forma elocutiva de un monólogo que no llega a ser diálogo. Una segunda persona gramatical (utilizada ya en algunos libros anteriores) se convierte en procedimiento recurrente en *Como quien no dice voz alguna al viento*, cuyo valor resulta a veces imposible de establecer. El «tú» aludido parece, bien tematizar una compañía, bien un desdoblamiento de la voz poética. Lo cierto es que por sus versos comienza a palpitar un cierto apesadumbramiento existencial. Capaz de asumir sin recelo un curso diferente en la contemplación de la vida, relata con exactitud en un ajustado y rotundo soneto, «La honda brecha», cómo irrumpe la noche —símbolo de múltiples significados— en su propia vida. Avizora, pese a todo, la constancia del ser bajo esta apariencia huidiza, que no invalida los «estragos del tiempo».

A finales de los ochenta, en 1989, Ana María ofrece un nuevo libro, *Retornos sobre la siempre ausencia*, en donde la memoria se convierte en el decisivo impulso creador. Mediante el recuerdo se intenta restaurar un pasado, no enteramente acabado; se intenta retornar a un espacio cerrado por las horas ya vividas. Lo que aquí se evidencia es una búsqueda decidida del origen de su identidad como poeta y como mujer (o como mujer-poeta, si se prefiere), de un auto-conocimiento, en definitiva. Si se tiene en cuenta que la década de los ochenta fue determinante para la literatura española escrita por mujeres, en tanto que la escritora —poetisa o narradora— utiliza la autobiografía como estrategia discursiva para la afirmación de su propio yo[10], para configurar su identidad como sujeto del discurso, podrá comprenderse aún mejor la importancia de este poemario de Fagundo.

Al hilo de la memoria evocadora, la poetisa canaria va rescatando fragmentos de su biografía. Y precisamente esta re-construcción de un pasado, que se incardina en su presente, es una *narración poética* diseminada no sólo por muchos de los poemas que componen este libro, sino también presentida fugazmente en los anteriores y que alcanzaría —como sabemos— a aquellos otros que todavía andaban *in mente*. Reproducción de unas personas y de unos ambientes desaparecidos ya, rescatados merced a las viejas fotografías, que despiertan el recuerdo familiar y una profunda, pero contenida, emoción. Desde el presente de mujer, en su plenitud de ser poeta, rememora con entrañable reconocimiento la imagen de esas primeras letras que el padre depositó en la niña que fue,

---

10 Son muchos los estudios que en la actualidad han investigado las peculiaridades de la escritura femenina en España durante los años 70 y 80. Entre ellos destacamos los de Isolina Ballesteros, *Escritura femenina y discurso autobiográfico en la nueva novela española*, Ann Arbor, Michigan, 1994; Biruté Ciplijauskaité, «Hacia la afirmación serena: nuevos rumbos en la poesía de mujer» en *Revista de estudios hispánicos* núm. 29, 1995, págs. 349-364; Mª Mar López-Cabrales, *Palabras de mujeres. Escritoras españolas contemporáneas*, Narcea Ediciones, Madrid, 2000; Sharon Keefe Ugalde, *Conversaciones y poemas. La nueva poesía femenina española en castellano*, Siglo XXI, Madrid, 1991.

> Y fue tu devoción
> de amigo y de maestro
> la que le dio a mi canto,
> su más fuerte dulzura,
> su único universo.
>
> «Retorno en la ausencia»

O la figura de la abuela, acogedora y sonriente, a pesar del sufrimiento por el que tuvo que pasar durante la guerra civil,

> Se quedó allí, el pelo inmensamente blanco,
> la risa triste, la mano en ademán de adiós.
> Y tú doblaste aquella esquina para siempre.
> [...] y aquella su suave sonrisa de anciana
> curtida en hijos,
> curtida por el punzón brutal de aquella guerra.
>
> «La esquina de una tarde»

Conviene señalar que Ana María Fagundo ha ido trazando un discurso femenino en unas circunstancias contextuales favorables; no obstante, en mi opinión, de haber sido otro el momento histórico, hubiera «relatado» su vida de una forma o de otra, porque su ser-persona es parte de su creación poética. Asimismo es preciso destacar que a veces se anticipa a la utilización de imágenes, consideradas ya tradicionalmente *femeninas*, imbricadas sutilmente en el tejido discursivo del poema. A manera de ejemplo, recuérdese el poema «La azotea» de *Configurado tiempo*, en donde este espacio marginal de la casa es el refugio (el *desván*, según la crítica anglosajona) para iniciar en soledad su propia escritura; o el relato de la experiencia del parto, contada desde el punto de vista de la voz poética —la hija— ya que no es la madre la que cuenta la vivencia de la maternidad,

El cuerpo se me hacía duro
al salir del útero
y lloré mi primer llanto de mujer
con la sangre de otra mujer
todavía en mis mejillas,
la mujer que me había puesto sangre y palabra...
        «¡Guerra! gritaban»

Ana María Fagundo construye así un universo simbólico, en ocasiones hermético, cuyo eje esencial parece ser el origen de su propia existencia; de ahí, la mención insistente y reiterada de ese «trece de marzo/
marzo trece», fecha de su cumpleaños. Es casi el recuerdo constante del paso del tiempo que fluye, pero
que retorna a su origen. Es el tiempo cíclico, más
acorde, si no exclusivo, a la naturaleza de la mujer[11].

La escritura se convierte en el instrumento idóneo
para la revisión de su pasado y para recobrar el ámbito
afectivo y cultural, representado por la figura de la
madre. Razón más que suficiente entonces para dise-
ñar un relato *matrilineal*, en donde se explicitan las
relaciones madre-hija. Resulta decisivo para comprender la fisonomía de la obra de Fagundo, conocer esta
delicada historia íntima y secreta, de intensísimo fondo, que va más allá del contorno de *Retornos sobre la
siempre ausencia*. Y es que la familia constituye una
prolongación del yo existencial.

En la madre está el origen de su percepción del
mundo; de la madre recibe la identidad femenina. Y lo
que fue espacio privado y encubierto va tornándose
palpable realidad a medida que su historia ve la luz
afirmadora. Sin orden cronológico, sin una estructura

---

11 La idea de la diferencia entre el cumpleaños del hombre y la
mujer ha sido expuesta con exactitud por Luce Irigaray, *El cuerpo a
cuerpo con la madre. El otro género de la naturaleza*. LaSal Ed. Barcelona, 1985.

previamente calculada, emerge la madre, centro de la afectividad y del «hogar» —desaparecido—. Y junto a ella la hermana, contrapunto esencial y necesario que completa este esquema. Al parecer se dio una espontánea distribución de papeles entre las hijas. En la hermana, la madre y su cultura se perpetúan; la hija-escritora, por el contrario, rompe con la continuidad que el rol femenino le asignaba, esto es, sale del hogar, al mundo exterior, y logra desarrollar la profesión deseada. En esta ruptura puede contemplarse, sin duda, la influencia beneficiosa del padre.

Este relato interior —*doméstico*— se ajusta, desde el proceso generador de la memoria, a la cada vez más crítica preocupación sobre lo transitorio («En el recodo, ahora inmenso/ se cierne seguro el olvido»). Auto-afirmación intencionada para contrarrestar los ataques incisivos del paso del tiempo. Y lo que fue vislumbre en el poemario anterior, es un sentimiento de frustración en este, instalado sobre todo en la utilización del *ubi sunt* («Las doradas esquinas», «Pregunta») y la interrogación retórica («Un alto en el camino», «El reencuentro»), recursos que insisten en una razonable incertidumbre. Después sobreviene la meditación que todo lo trasciende.

Retornos sobre la siempre ausencia incorpora, además, la novedad de un viaje sentimental a otros espacios geográficos. «Meditaciones en torno al castillo de Jadraque», «Amanecer en el Monasterio de los Olivos», «Hummingbirds» y «Soria» son poemas en donde la voz poética mide su vida y vocación al contemplar otros parajes diferentes al ámbito insular. Representan paradas sentimentales en una ruta de búsqueda incansable del paisaje interior. Riverside, Amherst, Soria, Jadraque son para la viajera lugar de encuentro consigo misma y presencia, por contraste, del espacio de siempre, el de la «isla en punta». Hummingbirds y Soria simbolizan asimismo la admiración y, sobre todo, la relación literaria con Emily Dickinson y Antonio Machado. Ha buscado, por tanto, escritores cuyo pensamiento y sensibilidad ofrecen similitudes con los suyos propios y así poder expresar, con un cierto distanciamiento, la pequeñez de la vida humana ante el asalto irreductible del paso del tiempo.

UN PARÉNTESIS: *OBRA POÉTICA* (1990) E *ISLA EN SÍ* (1992)

Antes de publicar los que, en la actualidad, son sus dos últimos libros de poemas, Ana María Fagundo lleva a cabo una reagrupación retrospectiva de su obra poética. Acaso llevada por el rigor y la capacidad organizadora de su construcción poética, o tal vez con la intención de recopilar libros que por causas editoriales habían quedado dispersos, en 1990 reúne la obra poética escrita hasta el momento, en un volumen que lleva por título *Obra Poética 1965-1990*. Se trata de un alto en el camino, de una parada casi obligada, que le permitirá luego la empresa renovada de sus últimas entregas. Supone un considerable esfuerzo esta recopilación de libros y poemas, que se habían ido alejando en el tiempo, a la vez que constituye la actualización de su poesía y un útil y cómodo acceso para el lector interesado.

La *Obra poética 1965-1990* cuenta con el aliciente de albergar la formidable explicación de la profesora y crítica Candelas Newton, que precede a los ocho poemarios de Ana María Fagundo. Se trata de un comentario acertado y preciso, para anticipar la palabra poética.

Dos años más tarde, en 1992, sale a la luz una Antología titulada *Isla en sí*, breve publicación que pretende recoger poemas significativos anteriores. Al parecer, ambos libros son una clara manifestación de

45

una etapa decisiva en la evolución lírica de esta autora. Es la necesidad de volver la mirada hacia atrás, hacia el camino recorrido, antes de avanzar inquebrantable y firmemente en su quehacer poético. Pero también ha de entenderse como el reconocimiento de sus constantes artísticas, de los sólidos principios en donde arraigan sus poemas.

MADUREZ Y PERFECCIÓN LÍRICA: *EL SOL, LA SOMBRA, EN EL INSTANTE* (1994) Y *TRASTERRADO MARZO* (1999)

Representan ambos libros la culminación —por el momento— de un proceso poético personal emprendido en el revelador *Brotes* (1965). Consiguen estos dos poemarios una depuración estilística mediante el suavizado tratamiento del entusiasmo a que nos tenía acostumbrados. Y es que se percibe una suerte de sentimiento de lo trascendente, ajeno al esplendor de la existencia. Paso necesario, no obstante, para afirmar un crecimiento, en esta probada depuración de la experiencia lírica sustentada en la selección. En esto consiste el acierto de estos dos libros, en aligerar manifiestamente la densidad, sin por ello abandonar las que han sido sus imágenes, sus preocupaciones iniciales, sus inquietudes de siempre plasmadas después en la dimensión exacta del texto lírico.

Sigue siendo el universo poético luminoso, marcado por la representación simbólica de la acogida, de lo redondo. Sin embargo, esta afirmación del ser, innegable, rotunda y proclamada a los cuatro vientos, está erigida sobre el fondo difuso del *no ser*. Cada vez es más profunda esta grieta, por más que sienta bajo sus pies la sólida esfera terrestre; concreción de aquellos despuntes iniciales, que se percibían ya en sus primeros libros (en «Puesta de sol» de *Isla adentro*, por ejemplo).

46

El sol, la sombra, en el instante es un libro madurado al calor de otra luz, más suave y tenue, que va tamizando el recorrido sentimental de la nostalgia, pero incluida dentro de ese *mito de la luz,* clave de su producción lírica. Y junto a este juego entre luz y sombras, aparece el contraste estructurador de la *casa* y el *camino.* Símbolos ambos de gran tradición literaria, adquieren en manos de Ana María un renovado impulso. La *casa,* lugar de arraigo y soporte estable e indispensable, adonde se vuelve una y otra vez durante el vehemente vivir. Símbolo de la necesaria parada a lo largo de un intenso y extenso *camino,* la vida; metáfora del espacio interior, pleno de vivencias inconfesadas, de secretos entrañables, de sueños y ensueños atesorados como arrebatos luminosos de la misteriosa revelación. «La casa es un estado del alma»[12] donde va depositando su historia y desde donde el *ethos* tolerante de la poetisa canaria recoge su cotidiano vivir como garantía, y protección, para continuar el persistente camino —«este seguir yendo»—. De ahí que este símbolo no se localice en un determinado poema, sino que su aparición fragmentada y reiterada haya ido configurando este espacio privado, al que se han ido agregando rasgos temáticos nuevos. En este sentido, habría que hablar del rasgo semántico «hogar», punto de encuentro con la madre, y, en definitiva, con el origen de su ser-mujer.

Y sobre la presencia en plenitud del *camino* planea la sombra que arrasa los viejos momentos íntimos, unas veces, en forma de viento o de lluvia; otras, en la tonalidad amarilla del «incipiente otoño». Paulatinamente el *camino* va abandonando el movimiento de subida, de ascensión continua («escalamos confines»), para abrirse a una extensión terriblemente amplia, inconmensurable, sin ningún punto de referencia.

---

12 Como afirmó Gastón Bachelard en *Poética del espacio,* Fondo de Cultura Económica, México, 1986, pág. 104.

Puede comprobarse la profundidad de esta entrega de poemas, el lento proceso de afirmación de la forma desde el ritmo inicial, la plenitud alcanzada en el dominio de una forma en apariencia sencilla, sobre unos temas que desde siempre le preocupan. Y puede confirmarse entonces que la consolidación del universo poético de Ana María no se diseña en un poema, ni tan siquiera en un libro, sino en la continuidad de su labor verso a verso, día a día.

En *Trasterrado marzo* domina el diseño musical para acompañar el *canto firme* de esta creadora de melodías poéticas, que retorna al espacio de la isla y al recuerdo (des)amparado del hogar («cuenco tibio»), en busca de la senda perdida a través del laberinto del tiempo existencial. Sonetos y metros clásicos, construidos con pulcritud alternan con poemas de larga e imprevisible andadura, en donde la mirada de esta poetisa («prieta siempre de preguntas») va horadando su intimidad, interrogándose por el misterio de la vida y de la muerte. Algunos poemas parecen surgir de un impacto fugaz que se afana por eternizarse; otros, sin embargo, emergen de lo más recóndito de su ser persona, sin que nada ni nadie del exterior los provoque. Y presidiendo estos poemas *marzo*, mes de su cumpleaños y símbolo del nacimiento, del despertar a la poesía, meta y razón de su vida; *marzo*, presencia ineludible, incesantemente convocada en *El sol, la sombra, en el instante* (1994), en *Retornos sobre la siempre ausencia* (1989) y en tantos otros títulos que jalonan su trayectoria poética.

La temporalidad —angustiosa conciencia del paso del tiempo— se convierte en el motivo nuclear de estos poemas, pese a que se vea frenada por la presencia constante de la fuerza afirmadora de la palabra, de la suya propia y de la de tantos otros que la precedieron («sigo: sobre la tierra el pie/ sobre la página en blanco el signo»). La palabra poética de Ana María Fagundo revela un estallido existencial, pero también arrastra ecos de otras voces que fueron y siguen siendo. La cita de autores —preferentemente de los siglos de Oro— que antecede a cada poema parece ser la señal inequívoca de una continuidad y la coincidencia de emociones, inquietudes y anhelos con poetas de otras épocas. Ellos todavía son «un canto sin tiempo», del mismo modo que su voz será para los que vienen detrás «raíz y tiempo indemne/ su memoria aterida». Ahondando en esta certeza, la poetisa canaria proclama la trascendencia de la palabra poética —y de la lengua que le dio el ser— frente a los avatares y circunstancias adversas que puedan suceder.

* * *

Intentar hallar el sentido de la obra poética de Ana María Fagundo ha sido el objetivo primordial que pretendía al escribir esta introducción. He tenido que abandonar, en aras de la economía que exige un prólogo, instancias o aspectos que hubieran completado esta visión. Pero lo que he realizado en estas páginas debería servir para proclamar la universalidad y la originalidad de la obra poética de Ana María Fagundo, así como para subrayar su fidelidad a la lógica interior y a la época que le ha tocado vivir. Su trayectoria poética a lo largo de la segunda mitad del siglo XX constituye un quehacer ejemplar, que viene a corroborar por un lado, la importancia de una tradición literaria en la génesis de su obra, lo que no resta en absoluto valor estético a la creación artística lograda; por otro, y aunque aparentemente pueda resultar contradictorio, la destreza con que la personalidad individual de la poeta canaria elude las propuestas convencionales, en algún caso pasajeras, del contexto socio-literario; y finalmente nos ayuda a afirmar que la poesía ha dejado de ser asunto *exclusivo* de hombres.

La poesía siempre ofrece un grado de interpretación complicado y difícil de desentrañar, debido sobre todo a la condición simbólica, ineludible por otra parte, de la lengua. Por más que los poemas de Ana María Fagundo no sean herméticos, ni puedan ser calificados precisamente de misteriosos o crípticos, he tenido ocasión de conocer, en mi contacto amistoso y continuo con la poetisa canaria, la explicación directa de algunos de los «enigmas» que sus poemas albergan, lo cual ha representado para mí una inestimable ayuda.

Además, seguir el orden en que se han escrito y publicado los poemarios me ha permitido observar la creación artística de la escritora canaria, como un proceso en constante evolución; la búsqueda de nuevas expresiones poéticas y la exploración de la capacidad imaginaria del lenguaje; el fraguar lento y seguro de una forma expresiva que, poco a poco, se configura como suya, únicamente suya. Al fin y al cabo es la historia de un sentir frente a frente a la vida, en plenitud gozosa y con una actitud de apego insobornable al ser. Tal es la historia de Ana María Fagundo, poeta y mujer, que nació en una isla *un trece de marzo, el país en guerra...* mujer y poeta que supo extraer la savia renovada de sus vivencias, como savia de todos y para todos. Ahí radica su verdadero y eterno valor, porque su poesía es suya y universal a la vez.

MYRIAM ÁLVAREZ
Universidad de La Laguna (Canarias)

Bibliografía sobre Ana María Fagundo

I. Libros sobre la poesía de Ana María Fagundo

Brooks, Zelda, *Struggle for Being: An Interpretation of the Poetry of Ana María Fagundo*, Miami, Ediciones Universal, 1994.

Martínez Herrarte, Antonio, *Ana María Fagundo: Texto y contexto de su poesía*, Madrid, Verbum, 1993.

Rolle, Silvia, *La obra de Ana María Fagundo: una poética femenino-feminista*, Madrid, Editorial Fundamentos, 1997.

II. Artículos en libros, revistas y periódicos sobre la poesía de Ana María Fagundo

Álvarez, Cristina, «Ana María Fagundo, la razón y el sentimiento del diálogo con la poesía», *Jornada*, 28 de diciembre de 1990, pág. 33.

Álvarez, Myriam, «Aproximación crítico-feminista a la obra poética de Ana María Fagundo» en *La mujer hispana en el mundo: sus triunfos y sus retos*, Phoenix (Arizona), Editorial Orbis Press, 2000, págs. 88-96.

— «El tópico en *Diario de una muerte*», *Hispanófila*, 130, 2000, págs. 27-40.

— «La poesía de Ana María Fagundo y el orden patriarcal», *Exégesis*, v. 10, 29, 1997, págs. 52-57.

«Ana María Fagundo», *Jornada*, 11 de agosto de 1980, pág. 9.

BATTAGLIA, Diana y SALEM, Diana, «Ana María Fagundo: la poesía como estallido orgiástico», *Letras de Buenos Aires*, 24, 1991, págs. 39-46.

BEIER, Sabine, «Hijos de la Isla. Ana María Fagundo, docente y poetisa», *Tenerife Report*, v. 2, 2002, págs. 20-21.

BRAVO, María Elena, «La poesía de la emigración», *Ínsula*, 495, 1988, págs. 15-16.

CARENAS, Francisco, «La poesía de Ana María Fagundo», *Alaluz*, v. XIV, 2, y v. XV, 1, 1982-1983, págs. 5-25.

— *Poetas españoles en EEUU*, Madrid, Ediciones Rialp, 1972, págs. 292-293.

CAVALLARI, Héctor Mario, «El límite de las palabras. Poesía y tragicidad en *Como quien no dice voz alguna al viento* de Ana María Fagundo», *Anales de la literatura española contemporánea*, 12, 1987, págs. 227-242.

CAVALLO, Susana, «*Diario de una muerte*, la amorosa entrega de Ana María Fagundo», *Explicación de textos literarios*, v. XXIV, 1 y 2, 1995-1996, págs. 7-40.

CIPLIJAUSKAITÉ, Biruté, «Hacia la afirmación serena: nuevos rumbos en la poesía de mujer», *Revista de Estudios Hispánicos*, 29, 1995, págs. 349-364.

CUADRA, Ángel, «Ana María Fagundo, destacada poeta española, visita Miami» *Diario de las Américas*, 29 de junio de 2000, pág. 14-A.

DREYMÜLLER, Cecilia, *Die Lippen des Mondes Spanishe Lyrikerinnen der Gegenwart (1950-1990)*, Wilhelmsfeld (Alemania), Egert, 1996, págs. 26, 28, 32, 37, 44f, 64-69, 112, 193, 220.

Encuentros. Curso De Introducción, New York: Holt, Rinehart & Winston, 1997, págs. 212-216.

FERNÁNDEZ HERNÁNDEZ, Rafael, «Indagación ontológica, intimismo y ámbito insular: Tres calas en la obra poética de Ana María Fagundo», *Literatura femenina contemporánea de España*, Buenos Aires, Ediciones Ocrusaves, 1991, págs. 169-178.

FORD BROWN, Steve, «Poetry by Ana María Fagundo», *Review of Latin American Literature and Arts*, v. 59, 1999, págs. 47, 48, 53.

GÁJATE, Agustín, «Ana María Fagundo: poeta de la indagación interior», *El Día*, 1 de septiembre de 1989, págs. 22-23.

— «Femeninos versos de lava y sal», *El Día*, 19 de noviembre de 1988, pág. 24.

GÓMEZ YEBRA, Antonio, «Ana María Fagundo: verbo=verso», Málaga, *Diario Sur* (Página Cultural), 14 de marzo de 1992, pág. 3.

— «Ana María Fagundo: voz de mujer hecha verso», *La Traíña*, Marbella, año 6, núm. 13, marzo 1989, págs. 19-25.

GARDETA-HEALY, María Jesús. «Nuevas directrices en la poesía española contemporánea: conocimiento por la creación», *Monographic Review*, v. VI, 1990, págs. 138-144.

GARIBALDI, A, «Registo Literario,» *O Journal de Felgueira*, v. 59, 3011, 5 de diciembre de 1970, pág. 1.

GATELL, Angelina, *Mis primeras lecturas poéticas*, Barcelona, Ediciones 29, 1980, págs. 52, 95, 222.

JIMÉNEZ FARO, Luz María, *Panorama antológico de poetisas españolas (siglos XV-XX)*, Madrid, Ediciones Torremozas, 1987, págs. 235-242.

— *Poetisas españolas. Tomo III: de 1940-1975*, Madrid, Editorial Torremozas, 1998, p. 186.

JUNQUERA, Mercedes, «Ana María Fagundo: Is/Is not an Island», *Mid-American Review*, v. VIII, 2, 1988, págs. 155-167.

LAGOS, Concha, «Poetas españoles de hoy en EEUU», *Papeles de Son Armadans*, v. CXCIII, 1972, págs. 110-111.

LAGOS, Ramiro, *Voces femeninas del mundo hispánico*, Madrid, EE.UU., Bogotá, Centro de Estudios Poéticos Hispánicos, 1991, págs. 353-354, 361, 371.

MÁRQUEZ, Héctor, *Women Writers of Spain: An Annotated Bio-bibliographical Guide*, New York, Greenwood Press, 1986, págs. 105-106.

MARTÍNEZ HERRARTE, Antonio, «Ana María Fagundo: la trascendencia del ser por la palabra», introducción a la antología poética *Isla en sí*, Madrid, Editorial Rialp 1992, págs. 7-15.

— «El ser y decir de Ana María Fagundo», Introducción a *Ana María Fagundo: Antología (1965-1989)*, Canarias, Viceconserjería de Cultura y Deportes, Gobierno de Canarias, 1994, págs. 5-27.

— «El ser y el decir de Ana María Fagundo», *A Ricardo Gullón, sus discípulos*, Erie, Pennsylvania: Aldeeu, 1995, págs. 155-171.

— «La continuidad del ser en la palabra: *Retornos sobre la siempre ausencia* de Ana María Fagundo», *Monographic Review*, v. VI, 1990, págs.145-157.

MIRÓ, Emilio, «Poetisas españolas contemporáneas», *Revista de la Universidad de Madrid*, v. XXIV, 95, 1975, págs. 271-310.

— «Poesía femenina», *Medio siglo de Adonais: 1943-1993*, Madrid, Editorial Rialp 1993, págs. 188-189.

MORÓN ARROYO, Ciriaco, «Un experimento de lectura», *Cuadernos de Aldeeu*, v. X, 2, 1994, págs. 203-204.

MURCIANO, Carlos, «Poetas españoles en USA», *Poesía hispánica*, 235, 1972, págs. 4-5.

NEWTON, Candelas, «Ana María Fagundo», *Dictionary of Literary Biography (DLB)*, v. 134, Twentieth-Century Spanish Poets, Second series, ed. Jerry Phillips Winfield, Detroit, Washington D.C., London: A. Bruccoli Clark Layman Book, Gale Research Inc. 1993, págs. 121-128.

— «La poesía de Ana María Fagundo; poniéndole hechura al ser por la palabra», introducción a la *Obra poética: 1965-1990*, Madrid, Endymión, 1990, págs. 21-65.

— «Lenguaje poético, seducción y otredad: *El sol, la sombra, en el instante*, de Ana María Fagundo», *Alba de América*, v. 13, 24-25, 1995, págs. 95-103.

— «Signos poéticos en Ana María Fagundo», *De Scripta Hispanica. Homenaje a Enrique Ruiz-Fornells*, Erie, Aldeeu, 1990, págs. 453-459.

NUEZ, Sebastián de la, *Historia de Canarias*, Barcelona, Cupsa Editorial, 1981, pág. 231.

OMAR, Alberto y ORTEGA, Luis, *Poetas tinerfeños de hoy*, Tenerife, Centro de la Cultura Popular Canaria, 1983, págs. 147-149.

PEÑAS-BERMEJO, Francisco Javier, «Ana María Fagundo: reconstrucción de un volcamiento hacia la poesía», *La mujer hispana en el mundo: sus triunfos y sus retos*, Phoenix (Arizona), Editorial Orbis Press, 2000, págs. 120-128.

— «La personalidad creadora de Ana María Fagundo», *Salina*,10, 1996, págs. 213-220.

PÉREZ MINIK, Domingo, «Poesía: tres expatriadas», *El Día*, 28 de octubre de 1978.

PIÑA, Gerardo, «Datos para una historia de la literatura española en los Estados Unidos», *Brújula-Compass*, 22, 1995, págs. 38-42.

QUINTANA, José, «Mujeres de nuestro tiempo: la profesora-poeta Ana María Fagundo, *Quien es quien en las Letras españolas*», *Suplemento Cultural La Prensa*, 50-IV, *EL DÍA*, 29 de mayo de 1994.

RAMÍREZ MURZI, Marco. «La obra poética de Ana María Fagundo,» *La Nación de Venezuela (Hojas del calendario)*, 22 de diciembre de 1995, págs. 147-151.

REVILLA, Ángel, *Cuatro azotes a la mala crítica literaria*, Bogotá, Ediciones Guadalupe, 1973, págs. 41-45.

RÍOSALIDO, Jesús, «Die Dichterin Ana M Fagundo zwischen Spanien undden Vereinigten Staaten von Amerika», *Correspondance Diplomatique*, v. 8, 7-10, 1972, pág. 133.

ROLLE-RISSETTO, Silvia, «El cuerpo como metáfora en la poesía de Ana María Fagundo» *Letras Femeninas*, v. 25, 1-2, 1999, págs. 115-136

— «*El sol, la sombra, en el instante* de Ana María Fagundo: una sinfonía de luz y sombra o su canto a la creación» *Monografías de Aldeeu*, 2000, págs. 63-72.

— «La restitución de lo femenino en el discurso poético de Ana María Fagundo», *Actas del XIII Congreso de la Asociación Internacional de Hispanistas*, Madrid: Editorial Castalia, 1998, págs. 749-759.

— «La riqueza metafórica del cuerpo femenino en la obra de Ana María Fagundo», *Cuadernos para la investigación de la literatura hispánica*, 24 1999, págs. 245-261.

— «Trece cantos a marzo trece: poemas de cumpleaños en la poesía de Ana María Fagundo», *Salina*, 11, 1997, págs. 27-37.

RUIZ-FORNELLS, Enrique, «El mar como símbolo en la poesía de Ana María Fagundo», *Studies in Modern and Classical*

Languages and Literatures, Madrid, Editorial Orígenes, 1989, tomo II, págs. 173-184.

SALGADO, María A., «Diálogo de poetas: en torno al "Segundo autorretrato" de Ana María Fagundo y el "Retrato de la autora" de Catalina Clara Ramírez de Guzmán», *Hispania*, v. 85, 1, 2002, págs. 54-66.

SAUTER, Silvia, «Entre Eros y Logos en la poesía de Ana María Fagundo», *Letras Femeninas*, Número Extraordinario Conmemorativo 1974-1994, págs. 57-69.

VALDIVIESO, Teresa. «La poesía última de Ana María Fagundo: voces de un texto», *Studies in Modern and Classical Languages and Literatures*, Madrid, Editorial Orígenes, 1989, tomo II, págs. 149-157.

VIRGILIO, Carmelo, VALDIVIESO, Teresa y FRIEDMAN, Edward, *Aproximaciones al estudio de la literatura hispánica*, New York, McGraw-Hill, Inc., 1994, págs. 135, 194-196.

III. RESEÑAS DE LIBROS DE POESÍA DE ANA MARÍA FAGUNDO

FAGUNDO, Ana María, *Brotes*, Santa Cruz de Tenerife, Imprenta Maype, 1965.

ÁLVAREZ CRUZ, Luis, «Novedades en los escaparates de las librerías. Obras de Antonio Rumeo de Armas, Valentín García Yebra y Ana María Fagundo», *El Día*, Santa Cruz de Tenerife, 21 de mayo de 1965.

ANTARA, «*Brotes:* nuevo libro de poesía», *La Tarde*, Santa Cruz de Tenerife, 8 de junio de 1965.

«*Brotes*», libro de poemas de Ana María Fagundo», *Canarias Gráfica*, Santa Cruz de Tenerife, septiembre de 1965, pág. 18.

DELGADO, Fernando, «*Brotes*, un libro de Ana María Fagundo», *La Tarde*, Santa Cruz de Tenerife, 11 de noviembre de 1966.

FERNÁNDEZ NIETO, José M., «*Brotes*, un libro de Ana María Fagundo», *Rocamador*, Palencia, 40, 1966, pág. 28.

MIRANDA, Julio E., «*Brotes*, de Ana María Fagundo», *Poesía española*, Madrid, 170, 1967, pág 18.

MORALES CLAVIJO, José, «Charla de los Viernes», Radio Juventud, Santa Cruz de Tenerife, 1965.

— «Ana María Fagundo», *Hoja del Lunes*, Santa Cruz de Tenerife, 24 de octubre de 1966.

«Retablo de las Islas» (El Archipiélago canario a través de sus poetas: Ana María Fagundo), Programa de Radio Nacional de España, 17 de mayo de 1965.

TOVAR, Julio, «Carta abierta a Ana María Fagundo Guerra sobre su primer libro de poemas», *Gaceta de las Artes* (suplemento literario del periódico *La Tarde*), 17 de diciembre de 1965, pág. 6.

FAGUNDO, Ana María, *Isla adentro*, Santa Cruz de Tenerife, Gaceta Semanal de las Artes, 1969.

ALLUÉ Y MORER, Fernando, «*Isla adentro*», *Poesía Española*. Madrid, 208, 1970, págs. 15-16. [Reimpreso en *El Día*, Santa Cruz de Tenerife, 30 de mayo de 1970, pág. 21].

«ANA MARÍA FAGUNDO, *Isla adentro*», *Lluc*, Palma de Mallorca, 44, 1970, pág. 16.

ARISTIGUIETA, Jean «*Isla adentro*», *Árbol de fuego*, Caracas, 26, 1970, pág. 28.

BRAVO, María Elena, «Ana María Fagundo: *Isla adentro*», *Cuadernos hispanoamericanos*, Madrid, 285, 1974, págs. 708-710.

DELGADO, Fernando, «Colaboradores de *El Día*. Poesía que se comenta», *El Día*, Santa Cruz de Tenerife, 24 de enero de 1970, pág. 3.

GALBIS, Ignacio, «Ana María Fagundo: *Isla adentro*», *Revista de Estudios Hispánicos*, Universidad de Alabama, EEUU, vol. VI, 1, 1972, págs. 156-157.

«*Isla adentro*», *Amanecer*, Zaragoza, 20 de abril de 1970.

«*Isla adentro* de Ana María Fagundo», *La Provincia*, Las Palmas de Gran Canaria, 19 de diciembre de 1969, pág. 18.

JIMÉNEZ MARTOS, Luis, «Ana María Fagundo: *Isla adentro*», *Estafeta Literaria*, Madrid, 439, 1970, pág. 279. [Reimpreso en *Letras de Canarias*, *El Día*, Santa Cruz de Tenerife, 21 de mayo de 1970, pág. 21].

JURADO MORALES, José, «*Isla adentro* de Ana María Fagundo», *Azor*, Barcelona, 3, 1970, pág. 14.

MORALES CLAVIJO, José, «*Isla adentro* de Ana María Fagundo», *El Día*, Santa Cruz de Tenerife, 6 de agosto de 1970.

NAVALES, Ana María, «*Isla adentro*», *U.C.E*, Madrid, v. XXIV, 203, 1970.

RADIO NACIONAL DE ESPAÑA, Centro Emisor del Atlántico, enero de 1970.

SÁNCHEZ CAMPOS, A., «El libro al desnudo» *Bahía*, Algeciras, 8, 1970, pág. 16.

SELVA, Mauricio de la, «Ana María Fagundo: *Isla adentro*», *Cuadernos Americanos*, México, v. XXIX, 2, 1970, págs. 244-246. [Reimpreso en *Letras de Canarias*, *El Día*, Santa Cruz de Tenerife, 25 de abril de 1970, pág. 21].

TELEVISIÓN ESPAÑOLA, Las Palmas de Gran Canaria, enero de 1970.

FAGUNDO, Ana María, *Diario de una muerte*, Madrid, Editorial Alfaguara, Colección Ágora, 1970.

ALLUÉ Y MORER, Fernando, «*Diario de una muerte*», *Ceres*, Valladolid, 15 de diciembre de 1970, pág. 11.

— «*Diario de una muerte* de Ana María Fagundo», *Poesía Española e Hispanoamericana*, Madrid, 217, 1971, págs. 12-13.

ÁLVAREZ CRUZ, Luis, «Encuentro con Ana María Fagundo», *El Día*, Santa Cruz de Tenerife, 13 de noviembre de 1970, pág. 4.

AMÍLCAR CIPRIANO, Néstor, «*Diario de una muerte*», *La Prensa*, Buenos Aires, 13 de febrero de 1972.

BOUZA, Antonio Leandro, «*Diario de una muerte*», *Artesa*, Burgos, 8, 1970, págs. 53-55.

FLORIDO, Daniel, «*Diario de una muerte*», *Bahía*, Algeciras, 13, 1970, pág. 16.

FURLÁN, Ricardo, «*Diario de una muerte*», *Histonium*, Buenos Aires, v. 31, 383, 1971, pág. 68.

JURADO MORALES, José, «*Diario de una muerte*», *Azor*, Barcelona, 42, 1972, pág. 14.

MORALES CLAVIJO, José, «*Diario de una muerte*», *El Día*, Santa Cruz de Tenerife, 7 de noviembre de 1970, pág. 4.

SAIEG, Amelia, «Mensaje elegíaco de Ana María Fagundo», *La Lealtad*, Santa Fe, Argentina, v. 31, 30 de marzo de 1972.

UNIVERSITY BULLETIN, Universidad de California, Riverside, v. 19, 8, 1970, pág. 44.

FAGUNDO, Ana María, *Configurado tiempo*, Madrid, Ediciones Oriens, Colección Arbolé, 1974.

AIZARNA, Santiago, «*Configurado tiempo*», *Unidad*, San Sebastián, 22 de febrero de 1975, pág. 16. [Reimpreso en *Letras de Canarias*. *El Día*, Santa Cruz de Tenerife, 23 de marzo de 1975, pág. 6].

CASTAÑEDA, Juan Pedro, «*Configurado Tiempo*», *Culturama*, n.º 123, *La Tarde*, Santa Cruz de Tenerife, 13 de marzo de 1975, pág. 13.

CHAMPOURCIN, Ernestina de, «*Configurado tiempo*», *Poesía Hispánica*, Madrid, 270, 1975, págs. 18-19.

DURO DEL HOYO, Andrés, «*Configurado tiempo*», *Cal*, Sevilla, 16, 1976, pág. 27.

FURLÁN, Luis Ricardo, «*Configurado tiempo*», *Sic Cultural*, Buenos Aires, septiembre de 1975, pág. 3.

JURADO MORALES, José, «*Configurado tiempo*», *Azor*, Barcelona, v. VII, 1975, pág. 37.

LÓPEZ ANGLADA, Luis, «Introducción a la lectura poética de *Configurado tiempo*», Tertulia Hispanoamericana (director, Rafael Montesinos), Madrid, 10 de diciembre 1974.

O'SHANAHAN, Alfonso, «Dos poemas de marzo de Ana María Fagundo», *La Provincia*, Las Palmas de Gran Canaria, 3 de marzo de 1975.

PARAÍSO DE LEAL, Isabel, «*Configurado tiempo*», *Alaluz*, Universidad de California, Riverside, v. 5, 1, 1975, págs. 40-43.

QUINTANA, José, «Ana María Fagundo en su *Configurado tiempo*», *Letras de Canarias*, *El Día*, Santa Cruz de Tenerife, 15 de febrero de 1976, págs. 5-6.

ZUBIZARRETA UGARTE, Gonzalo, «*Configurado tiempo*», *Ínsula*, Madrid, 346, 1975, pág. 8.

FAGUNDO, Ana María, *Invención de la luz*, Barcelona, Editorial Vosgos, 1978. (Premio Carabela de Oro, 1977).

«Ana María Fagundo, premio Carabela de Oro 1977», *Pueblo*, Madrid, 16 de noviembre de 1977, pág. 6.

«Ana María Fagundo, Premio Carabela 1977», *La Tarde*, Santa Cruz de Tenerife, 27 de diciembre de 1977, pág. 18.

«Concesión de los Premios de Poesía Carabela 1977», *Artes y Letras*, *El Telégrafo*, Guayaquil, Ecuador, 15 de enero de 1978, pág. 11.

BLANCO AMORES DE PAGELLA, Ángela, «*Invención de la luz* de Ana María Fagundo», Programa Cultural de Radio Nacional, Buenos Aires, julio de 1978.

DOMÍNGUEZ MILLÁN, Enrique, «El mundo de los libros», Diario Hablado Cultural (Radio Nacional de España), Madrid, 24 de noviembre de 1978.

GRANDE, Antón, «*Invención de la luz*», *Hoja del lunes*, Lugo, 13 de noviembre de 1978, pág. 5.

«*Invención de la luz*», *Diario Mundo*, Barcelona, 8 de octubre de 1978, pág. 9.

«*Invención de la luz*», *El Día*, Montevideo, 29 de octubre de 1978.

JIMÉNEZ MARTOS, Luis, «Ana María Fagundo: bajo una intensa luz», *Estafeta Literaria (Estafeta Libros)*, Madrid, 640, 1979, pág. 3272.

NUEZ, Sebastián de la, «*Invención de la luz*», *Revista de historia canaria*, La Laguna, Universidad de La Laguna, v. XXXVII, 172, 1980, págs. 275-277.

OMAR, Alberto, «Un nuevo libro de Ana María Fagundo: *Invención de la luz*, Premio de poesía Carabela de Oro», *Diario de Avisos*, Santa Cruz de Tenerife, 5 de septiembre de 1978.

PINILLOS, Manuel, «*Invención de la luz*», *Heraldo de Aragón*, Zaragoza, 12 de septiembre de 1978.

«Primer Premio a Ana María Fagundo», *La Tarde*, Santa Cruz de Tenerife, 11 de Marzo de 1977, pág. 18.

FAGUNDO, Ana María, *Desde Chanatel, el canto*, Sevilla, Colección Ángaro, 1981 (Finalista del Premio Ángaro, 1980).

ARTEAGA, Valentín, «*Desde Chanatel, el canto*» *Manxa*, Ciudad Real, v. 25, 25 de septiembre de 1984.

DOMÍNGUEZ MILLÁN, Enrique, «*Desde Chanatel, el canto* de Ana María Fagundo», Programa Ateneo (Radio Nacional de España), Madrid, 14 de febrero de 1983.

«El Día en imágenes: *Desde Chanatel, el canto*», *El Día*, Santa Cruz de Tenerife, 25 de diciembre de 1982.

FUENTE, Carmen de la, «Ana María Fagundo y su poesía fulgurante», *Nivel*, México, 259, 31 de julio de 1984, pág. 7.

GALBIS, Ignacio R., «*Desde Chanatel, el canto*», *Revista de estudios hispánicos*, Universidad de Alabama, v. XVIII, 2, 1984, págs. 317-318.

GARCÍA SELMA, María Dolores, «*Desde Chanatel, el canto*», *Alaluz*, Universidad de California, Riverside, v. XV, 2 y v. XVI, 1, 1983-1984, págs. 58-63.

JAÉN, Rosa, «*Desde Chanatel, el canto*», *República de las Letras*, Madrid, 10, 1984, pág. 45.

MENA CANTERO, Francisco, «Siete islas de poesía», *Nueva Estafeta*, Madrid, 54, 1983, págs. 94-96.

NUEZ, Sebastián de la, «*Desde Chanatel, el canto*», *Liminar*, La Laguna, Tenerife, 13-14, 1983, págs. 123-128.

REYZÁZABAL, María Victoria, «*Desde Chanatel, el canto*», *Reseña*, Madrid, 142, 1983, págs. 18-19.

FAGUNDO, Ana María, *Como quien no dice voz alguna al viento*, Junta de Publicaciones de la Caja de Ahorros de Canarias, Santa Cruz de Tenerife, 1984.

ARTEAGA, Valentín, «*Como quien no dice voz alguna al viento*», *Manxa*, Ciudad Real, 29, 1985, pág. 35.

BRAVO, María Elena, «*Como quien no dice voz alguna al viento*», *Revista de Estudios Hispánicos*, v. XX, 3, 1986, págs. 122-124.

CAVALLARI, Héctor Mario, «El límite de las palabras. Poesía y tragicidad en *Como quien no dice voz alguna al viento*», *Anales de la literatura española contemporánea*, Universidad de Colorado, Boulder, 12, 1987, págs. 227-242.

CIORDIA, Javier, «*Como quien no dice voz alguna al viento*», *Mairena*, Puerto Rico, v. VIII, 21, 1986, págs. 129-131.

— «Ana María Fagundo: *Como quien no dice voz alguna al viento*», *Ceiba*, Puerto Rico, v. LX, 14, 1985, págs. 159-160.

DURO DEL HOYO, Andrés, «Ana María Fagundo: *Como quien no dice voz alguna al viento*», *Poesía de Venezuela*, Caracas, 135, nov.-dic. 1985, pág 9.

«El Séptimo Poemario de Ana María Fagundo», *El Día*, Santa Cruz de Tenerife, 3 de enero de 1985, pág. 6.

FURLÁN, Luis Ricardo, «Poesía viva: *Como quien no dice voz alguna al viento*», *Azul*, Buenos Aires, v. IX, 402, 1985, pág. 4.

GALBIS, Ignacio, «*Como quien no dice voz alguna al viento*», *Letras Femeninas*, Texas, Universidad A & M, v. XIII, 1-2, 1987, págs. 106-108.

HIERRO, Nicolás del, «*Como quien no dice voz alguna al viento*», *Cuadernos de nueva poesía*, Madrid, Asociación Prometeo de Poesía, julio de 1986.

MENA CANTERO, Francisco, «Valor de la palabra», *El Correo de Andalucía*, Sevilla, 14 de abril de 1985, pág. 31.

NUEZ, Sebastián de la, «Glosas al último libro de Ana María Fagundo», *Jornada Literaria*, Santa Cruz de Tenerife, 9 de febrero de 1985, pág. 12.

— «*Como quien no dice voz alguna al viento*», *Alaluz*, Universidad de California, Riverside, v. XVI, 2 y v. XVII, 1 1984-1985, págs. 53-59.

PERSING, Margaret H., «Ana María Fagundo, *Como quien no dice voz alguna al viento*», *Anales de la literatura contemporánea española*, Universidad de Colorado, Boulder, ll, 1986, pág. 418.

FAGUNDO, Ana María, *Retornos sobre la siempre ausencia*, Riverside, California, Ediciones Alaluz, 1989.

MÁRQUEZ RODRÍGUEZ, Julián, «*Retornos sobre la siempre ausencia*», *Manxa*, Ciudad Real, 49, 1990, págs. 47-48.

NEWTON, Candelas, «Fagundo, Ana María. *Retornos sobre la siempre ausencia*», *Letras Peninsulares*. Universidad de Michigan State, Michigan, v. III, 2-3, 1990, págs. 295-296.

OPERÉ, Fernando, «Ana María Fagundo: *Retornos sobre la siempre ausencia*», *Cuadernos de Aldeeu*, Erie, Pennsylvania, v. II, 2, 1991, págs. 270-272.

PEDEMONTE, Hugo Emilio, «*Retornos sobre la siempre ausencia*», *Valor de la palabra*, Madrid, Asociación Prometeo de Poesía, julio de 1990, pág. 21.

QUIROGA CLÉRIGO, Manuel, «La poesía de Ana María Fagundo: *Retornos sobre la siempre ausencia*», *Diario (V Papel Literario)*, Málaga-Costa del Sol, 4 de junio de 1995, pág. 3.

FAGUNDO, Ana María, *Obra poética: 1965-1990*, Madrid, Editorial Endymión, 1990.

ALFARO, Rafael, «*Obra poética* de Ana María Fagundo, veinte y cinco años de versos», *Reseña*, Madrid, noviembre 1990, págs. 38 y 211.

CIPLIJAUSKAITÉ, Biruté, «Ana María Fagundo: *Obra poética*», *World Literature Today*, Universidad de Oklahoma, verano de 1991, pág. 460.

FERNÁNDEZ, Rafael, «El regreso a la isla de Ana María Fagundo», *Cultura (Gaceta Semanal de las artes)*, Santa Cruz de Tenerife, 29 de agosto de 1990.

MENA CANTERO, Francisco, «*Obra poética: 1965-1990*», *Valor de la Palabra*, Madrid, Asociación Prometeo de Poesía, mayo 1991, pág. 754.

PEDEMONTE, Hugo, «Ana María Fagundo: *Obra Poética*», *Letras de Buenos Aires*, 24, 1991, págs. 303-304.

«Publications & Achievements», *The A Report*. Universidad de California, Riverside, 15 de marzo 1991, pág. 41.

«Veinticinco años de poesía», *¡Qué viene el COCO! (Cultura)*, Madrid, 1991, pág. 6.

FAGUNDO, Ana María, *Isla en sí*. Madrid, Editorial Rialp (Colección Adonais), 1992.

ESCRIBANO, Raimundo, «*Isla en sí*», *Manxa*, Ciudad Real, 62, 1993, pág. 52

GÓMEZ YEBRA, Antonio, «Una isla poética: Ana María Fagundo, *Isla en sí*», *Diario Sur (La Columna)*, Málaga, 16 de enero de 1993, pág. 6.

LEÓN BARRETO, Luis, «Antología poética de Ana María Fagundo», *El arco iris (Diario La Provincia)*, v. XIII, Las Palmas de Gran Canaria, 13 de diciembre de 1992, pág. 57.

MURCIANO, Carlos, «Ana María Fagundo, *Isla en sí*», *Valor de la palabra*, Madrid, v. 28, 1992, págs. 25-26.

NEWTON, Candelas, «*Isla en sí (1965-1989)*», *Letras Femeninas*, Universidad de Nebraska, Lincoln, v. XIX, 1-2, 1993, págs. 159-161.

PEÑAS-BERMEJO, Francisco, «*Isla en sí*», *Alaluz*, v. XXVI, 1-2, 1994, págs. 107-109.

Rosario, Mari Pino del, «Una isla nominal», *Confluencia*, Universidad de Northern Colorado, Greely, v. 9, 2, 1994, págs. 159-160.

Fagundo, Ana María, *El sol, la sombra, en el instante*, Madrid, Verbum, 1994.

Castro Villacañas, Demetrio, «La poesía desde dentro: *El sol, la sombra, en el instante*», *Cuadernos de Aldeeu*, Universidad de Pennylvania-Erie, 11, 1995, págs. 1-2.

García Selma, María Dolores, «*El sol, la sombra, en el instante*», *Alaluz*, Universidad de California, Riverside, v. XXVII, 1, 1995, págs. 89-97.

Fernández Zaurín, Luis, «Amor por la palabra, orgullo de mujer», *El Ciervo*, v. XLIV, 528, 1995, págs. 31-32.

Lacasa, Cristina, «*El sol, la sombra, en el instante* de Ana María Fagundo», *Diario-V Papel Literario*, núm. 106, Málaga-Costa del Sol, 11 de junio de 1995, pág. 3.

Salgado, María, «Fagundo, Ana María. *El sol, la sombra en el instante*», *Hispania* v. 79, 1996, pág. 62.

Torés, Alberto, «Compromiso y reflexión en Ana María Fagundo», *Diario-V Papel Literario*, núm. 87, Málaga-Costa del Sol, 29 de enero de 1995, pág. 3.

Fagundo, Ana María, *Antología*, Canarias, Viceconsejería de Cultura y Deportes. Gobierno de Canarias, 1994.

Álvarez, Miriam, «Certeza insólita de esta poesía», *Anuario del Instituto de Estudios Canarios*, v. XL, 1996, págs. 327-328.

Newton, Candelas, «Ana María Fagundo. *Antología* Ed. Antonio Martínez Herrarte», *Letras Femeninas*, Universidad de Nebraska-Lincoln, v. XXI, 1-2, 1995, págs. 194-196.

Rodríguez Herrera, Mary, «Ana María Fagundo *Antología (1965-1989)* edición de Antonio Martínez Herrarte», *Equinoccio*, Caracas, 21, 1996, págs. 9-10.

FAGUNDO, Ana María, *Trasterrado marzo*, Sevilla: Colección Ángaro, 1999.

CENIZO JIMÉNEZ, José, «*Trasterrado marzo*, la última y más bella creación de una poetisa única», *Sevilla información*, 20 de marzo de 2000, pág. 44.

GARCÍA SELMA, María Dolores, «Ana María Fagundo: *Trasterrado marzo*», *Alaluz*, Universidad de California, Riverside, v. XXXII, 1 y 2, 2000, págs. 127-130.

MARTÍN, Sabas, «*Trasterrado marzo*» Libros de Radio Cinco (RNE), 17 de julio de 1999.

PARAÍSO, Isabel, «Fagundo, Ana María: *Trasterrado marzo*», *Letras Femeninas*, Madison, Wisonsin, v. XXVII, n.º 2, noviembre 2001, págs. 156-158.

PEÑAS-BERMEJO, Francisco Javier, «Trasterrado son de otro confín», *Turia*, 53, 2000, págs. 349-351.

REYZÁBAL, María Victoria, «La porfía vital de la palabra» *Papel Literario. Diario de Málaga*, Costa de Sol, 12 de noviembre de 2000, pág. ix.

TEXEIRA CERVIÁ, María Ángeles, «*Trasterrado marzo* de Ana María Fagundo», *El Día, Suplemento Cultural*, Santa cruz de Tenerife, 21 de diciembre de 1999, pág. viii.

FAGUNDO, Ana María, *Antologia poetica*, Bari (Italia): Levante Editori, 1999. (Traducción al italiano de Emilio Coco).

«Emilio Coco e le spagnole in Italia» (reseña de *Antologia poetica*) *America Oggi*, Foggia, Italia, 2 de julio de 2000, pág. 21B.

«Emilio Coco, ed.» *Alaluz*, XXXIII, 2001, págs. 89-90.

IV. TESINAS Y TESIS DOCTORALES

PADRÓN-BERMEJO, Violeta, *Isla y poesía en Ana María Fagundo*, Universidad de North Carolina, Chapel Hill, 1996. (tesina de Licenciatura, directora María A. Salgado).

FURMANEK, Olgierda, *Palabra en diálogo en la poesía de Ana María Fagundo y en sus traducciones al inglés y polaco*, Universidad de Nebraska, Lincoln, 1997. (tesis doctoral, director Antonio Martínez Herrarte).

V. ENTREVISTAS EN PERIÓDICOS Y REVISTAS

ALCALÁ, Rafael, «Entrevista a Ana María Fagundo», *El Parnaso*, Málaga, v. VII, 34, 1992, págs. 19-26.

ÁLVAREZ CRUZ, Luis, «Ana María Fagundo, profesora de la Universidad de California, habla para *El Día*», Santa Cruz de Tenerife, 12 de septiembre de 1968, págs. 4-8.

ÁLVAREZ, Olga, «Ana María Fagundo», *El Día*, Santa Cruz de Tenerife, 25 de enero de 1974, pág. 20.

BATTAGLIA, Diana y SALEM, Diana, «Entrevista con Ana María Fagundo», *Alba de América*, Westminster, California, v. I, 16-17, julio de 1991, págs. 387-394.

DÍAZ, Santiago, «La tinerfeña Ana María Fagundo, poetisa y profesora de Literatura de la Universidad de California», *Jornada*, Santa Cruz de Tenerife, 20 de septiembre de 1990, pág. 8.

«Entrevista con Ana María Fagundo», *El Día*, Santa Cruz de Tenerife, 11 de agosto de 1968.

FERNÁNDEZ HERNÁNDEZ, Rafael, «La isla crea una cierta conciencia de vulnerabilidad», *La Gaceta de Canarias* (Página Cultural), Santa Cruz de Tenerife, 29 de agosto de 1990, pág. 33.

GÓMEZ GIL, Alfredo, «Los que emigramos lo hicimos llorando», *La Provincia*, Las Palmas de Gran Canaria, 19 de julio de 1980, pág. 9.

«La Voz de la Literatura Española en California», *Jornada*, Santa Cruz de Tenerife, 14 de agosto de 1980, págs. 1 y 9.

LAS SANTAS, Adelaida, «Poetas de España: Ana María Fagundo», *En Pie*, Madrid, 1974, págs. 54, 55, 57.

ORTEGA, César M., «Configurando tiempo con Ana María Fagundo», *El Día*, Santa Cruz de Tenerife, 4 de agosto de 1984, pág. 20.

REYZÁBAL, María Victoria, «Ana María Fagundo, mensajera de nuestra cultura en USA», *Comunidad Escolar*, Madrid, 14 de octubre de 1987.

SALCEDO, Ernesto, «Ana María Fagundo, una tinerfeña catedrática en la Universidad de California», *Encuentros*, *El Día*, Santa Cruz de Tenerife, 26 de septiembre de 1982, pág. 14.

«Special Topic: Gender And Editing. Ana María Fagundo», *Chain/1*, Universidad State of New York, Buffalo, primavera-verano 1994, págs. 38-39.

TEXEIRA CERVIÁ, María de los Ángeles, «Ana María Fagundo: La insaciable búsqueda en la existencia humana», *Rostros contemporáneos, El Día*, Santa cruz de Tenerife, 4 de abril de 1993, págs. 54-55.

URBANO, Victoria, «Entrevista a Ana María Fagundo» *Letras Femeninas*, Beaumont, Texas, v. X-2, 1984, págs. 74-81.

VI. PROGRAMAS DE TELEVISIÓN Y VÍDEOS DEDICADOS A LA OBRA DE ANA MARÍA FAGUNDO

ÁGORA, Televisión Española en Canarias. Transmitido en España a nivel nacional el 10 de enero de 1993.

EL CANARIO EN SU RINCÓN, TV Canarias, transmitido a nivel nacional, febrero de 1994 (entrevistador, Luis Ortega Abraham).

ENCUENTROS, TV Nacional de Puerto Rico, noviembre 21, 1988 (entrevistadora, Matilde Albert Lobatto).

SEGUNDO CONGRESO DE CREACIÓN FEMENINA EN EL MUNDO HISPÁNICO: «LA POESÍA DE A. M. FAGUNDO», grabación de estudio y recital poético, Universidad de Puerto Rico, del 15 al 21 de noviembre de 1988.

TELEVISIÓN ESPAÑOLA EN CANARIAS, programa dedicado a la poesía de Ana María Fagundo, transmitido a nivel nacional, diciembre de 1990.

TELEVISIÓN ESPAÑOLA. LAS PALMAS DE GRAN CANARIA, enero de 1970.

TWENTIETH-CENTURY SPANISH WOMEN POETS [POETAS ESPAÑOLAS DEL SIGLO XX] DE ZELDA BROOKS, Universidad de Nueva York en Staten Island, 1991 (Patrocinado por el Ministerio de Cultura y Televisión Española).

TELEVISIÓN DE LA UNIVERSIDAD DE ANTIOQUIA (Medellín, Colombia). XIV Simposio Internacional de Literatura, del 5 al 10 de agosto de 1996.

VII. PROGRAMAS DE RADIO, ENTREVISTAS RADIOFÓNICAS Y
ESPACIOS CULTURALES DEDICADOS A LA OBRA DE ANA MARÍA
FAGUNDO

«RETABLO DE LAS ISLAS», El Archipiélago Canario a través de
sus poetas: Ana María Fagundo», Radio Nacional de España, Santa Cruz de Tenerife, 17 de mayo de 1965.

«CHARLA DE LOS VIERNES», Radio Juventud de Canarias, Santa
Cruz de Tenerife, 1965 (director, José Morales Clavijo).

EKJ RADIO GRANADA: POETAS ESPAÑOLES CONTEMPORÁNEOS,
Granada, 1971.

POESÍA DE ANA MARÍA FAGUNDO, Galesburg Radio Station,
Galesburg, Illinois, 16 de febrero de 1971.

RADIO NACIONAL DE BUENOS AIRES, Programa especial de la
catedrática Ángela Blanco Amores de Pagella de la Universidad de Buenos Aires sobre la poesía de Ana María
Fagundo, Buenos Aires, julio de 1978.

EL MUNDO DE LOS LIBROS, Diario Hablado Cultural (Radio
Nacional de España), Madrid, 24 de noviembre, de 1978
(director, Enrique Domínguez Millán).

FOGAR DE BREOGÁN, Radio Lugo, SER Programa cultural, Lugo, 22 de julio de 1979.

CADENA SER, Programa Cultural de Radio Lugo, Lugo, 14 de
septiembre de 1980.

PROGRAMA ATENEO DE RADIO NACIONAL DE ESPAÑA, «*Desde
Chanatel, el canto* de Ana María Fagundo», Madrid, 14 de
febrero de 1983 (director, Enrique Domínguez Millán).

CASA DE ESPAÑA, Radio Exterior, Madrid, 16 de diciembre,
1988 (entrevistador, Enrique Domínguez Millán).

POEMA, POETA, POESÍA, Programa dedicado a la poesía de Ana
María Fagundo, Radio Martí, Washington D. C, diciembre, 1989 (director, Mauricio Fernández).

RADIO NACIONAL, Santa Cruz de Tenerife, 31 de agosto de
1990 (entrevistadora, Mayte Acarretas).

RADIO NACIONAL, Santa Cruz de Tenerife, 31 de agosto de
1990 (entrevistador, Mariano Vega).

RADIO NACIONAL, Santa Cruz de Tenerife, 16 de agosto de
1991 (entrevistador, Mariano Vega).

De Par En Par, Radio Nacional de España, Madrid, 27 de agosto de 1991 (entrevistadora, Mayte Acarretas).

Radio Nacional, Santa Cruz de Tenerife, entrevista en Radio Nacional de España y lectura de poemas de *Isla en sí* e inéditos, Santa Cruz de Tenerife, 5 de enero de 1993 (entrevistadora, Mayte Acarretas).

Wrtu Fm Radio Universidad, «Revista Oral de Poesía», «La poesía de Ana María Fagundo», Universidad de Puerto Rico, Río Piedras, octubre de 1994 (realizador, Ángel Aguirre; director, Manuel de la Puebla).

Encuesta a Poetas Españoles, *Anthropos*, 170-171, 1997, págs. 147-158.

Entrevista a La Poeta Ana María Fagundo, Radio Exterior de España, Madrid, 2 de agosto de 1995 (entrevistadora, Sara Arcas del Río).

Entrevista a La Poeta Ana María Fagundo Y Lectura De Poemas, Radio Mágica, Caracas, 11 de junio de 1996 (entrevistador, Ramón Cabot).

Entrevista a La Poeta Ana María Fagundo Y Lectura De Poemas, Radio Nacional de Venezuela, programa equinoccio del Círculo de Escritores de Venezuela, Caracas, 11 de junio de 1996 (entrevistadores, Luis Beltrán Mago y Marco Ramírez Murzi).

VIII. Ponencias sobre la poesía de Ana María Fagundo

Alder, Ruth, «El discurso femenino en Ana María», Sixty-Ninth Meeting of the American Association of Teachers of Spanish and Portuguese [69 Asamblea de la Asociación Americana de Profesores de Español y Portugués], sesión 53, Los Angeles, California, 15 de agosto de 1987.

Álvarez, Myriam, «Ana María Fagundo y la tradición literaria», XVIII Asamblea General y Encuentro Internacional de Aldeeu [Asociación de Licenciados y Doctores Españoles en los Estados Unidos], sesión dedicada a la obra de Ana María Fagundo organizada por Mercedes Junquera, San Juan, Puerto Rico, del 26 al 28 de marzo de 1998.

— «Aproximación crítico-feminista a la obra de Ana María Fagundo», Asociación Hispánica de Humanidades, Primer Congreso Internacional, sesión 12 dedicada a la obra de Ana María Fagundo, Madrid, de 31 de julio al 6 de agosto de 1995.

— «La poesía de Ana María Fagundo, como discurso femenino», 49th Annual Kentucky Foreign Language Conference [49 Congreso Anual de Lenguas Extranjeras], sesión sobre la poesía de Ana María Fagundo organizada por Margaret E. W. Jones, Edward Stanton and Francisco J. Peñas Bermejo, Universidad de Kentucky, Lexington, del 18 al 20 de abril de 1996.

ANTA SAN PEDRO, María Teresa, «Cosmogonía de la poesía de Ana María Fagundo», XIV Asamblea General y Encuentro Internacional de Aldeeu [Asociación de Licenciados y Doctores Españoles en los Estados Unidos], Universidad de Santiago de Compostela, España, del 12 al 16 de julio de 1994.

— «Un lugar mítico llamado Tenerife en *Trasterrado marzo*», XX Asamblea General y Encuentro Internacional de Aldeeu [Asociación de Licenciados y Doctores Españoles en los Estados Unidos], San Antonio, Texas, marzo 2000.

BARNETTE, Douglas, «Ana María Fagundo's *Trasterrado Marzo*. A song of Poetic Creation», Samla (South Atlantic Modern Language Association), Athens, Georgia, 10 de noviembre de 2001.

BUNDY, Nancy L, «Freedom Confined: Images of Imprisonment in the Poetry of Ana María Fagundo», Mid-American Conference on Hispanic Literature [Congreso de Literatura Hispánica], Universidad de Nebraska-Lincoln, del 3 al 5 de octubre de 1991.

CAVALLARI, Héctor Mario, «Ser y decir en la poética de Ana María Fagundo», XIII Congreso de la Asociación Internacional de Hispanistas, Madrid, del 6 al 11 de julio de 1998.

CAVALLO, Susana, «La amorosa entrega de Ana María Fagundo: *Diario de una muerte*», Cincinnati Fourteenth Conference on Romance Languages and Literatures [14

Congreso sobre Lenguas y Literaturas Románicas], sesión especial «Nuevas perspectivas sobre la promoción poética 1950-1960», Cincinnati, del 12 al 14 de mayo de 1994.

CORPA VARGA, Mirta, «Los cuentos de Ana María Fagundo: la dialéctica de lo sagrado», International Conference «Spain in the Twenty-First Century: Literature, the Arts, and Culture» [Congreso Internacional «España en el Siglo XXI: Literatura, Arte y Cultura»], Universidad de Ohio State, Columbus, del 1 al 4 del noviembre de 2000.

FERNÁNDEZ HERNÁNDEZ, Rafael. «Construcción y recurrencia en Ana María Fagundo», Mid-America Conference on Hispanic Literature [Congreso de Literatura Hispánica], Universidad de Nebraska-Lincoln, del 3 al 5 de octubre de 1991.

FRAU GARCÍA, Juan. «Aproximación a la teoría poética de Ana María Fagundo», XIX Asamblea General y Encuentro Internacional de Aldeeu [Asociación de Licenciados y Doctores Españoles en los Estados Unidos], sesión «La escritura de la mujer en Canarias» organizada por Myriam Álvarez, Universidad de Cantabria, Santander, del 2 al 4 de junio de 1999.

FURMANEK, Ola. «La aplicación de la palabra en la poesía de Ana María Fagundo», 49th Annual Kentucky Foreign Language Conference [49 Congreso Anual de Lenguas Extranjeras], sesión sobre la poesía de Ana María Fagundo organizada por Margaret E. W. Jones, Edward Stanton and Francisco J. Peñas Bermejo, Universidad de Kentucky, Lexington, del 18 al 20 de abril de 1996.

GALDONA PÉREZ, Rosa, I., «Ser siempre presencia. Un concepto de (a)temporalidad en la poesía de Ana María Fagundo», XIX Asamblea General y Encuentro Internacional de Aldeeu [Asociación de Licenciados y Doctores Españoles en los Estados Unidos], sesión «La escritura de la mujer en Canarias» organizada por Myriam Álvarez, Universidad de Cantabria, Santander, del 2 al 4 de junio de 1999.

GARCÍA, Graciela P., «El tiempo y la palabra en la poesía de Ana María Fagundo», XIII Congreso de la Asociación Internacional de Hispanistas, Madrid, del 6 al 11 de julio de 1998.

GARDETA-HEALY, María Jesús, «Nuevas directrices en la poesía española contemporánea», Sixty-Ninth Meeting of the American Association of Teachers of Spanish and Portuguese [69 Asamblea de la Asociación Americana de Profesores de Español y Portugués], sesión 53, Los Angeles, California, 15 de agosto de 1987.

HORNO DELGADO, Asunción, «Ubicación y despliegue: la voz poética en Ana Merino y Ana María Fagundo», Primer Simposio Internacional «Presencia Hispánica en los Estados Unidos», sesión I «Literatura Española en USA», Universidad de Saint John, Jamaica, Nueva York, 19 de mayo de 2001.

JUNQUERA, Mercedes, «La indagación del ser en la poesía de Ana María Fagundo», Southern Conference in Foreign Languages and Literatures [Congreso sobre Lenguas y Literaturas Extranjeras], Rollings College, Winter Park, Florida, 26 de febrero de 1988.

MARTÍN, Marina, «Reflexiones sobre la poética de Ana María Fagundo», XXII Simposio Internacional: Mujer y Sociedad en América, Universidad Interamericana, Recinto de San Germán, Puerto Rico, del 22 al 25 de octubre de 2002.

MARTÍNEZ HERRARTE, Antonio, «Del círculo del tiempo al círculo del amor en la poesía de Ana María Fagundo», Asociación de Literatura Femenina Hispánica, 6º Congreso Internacional, sesión I, New York, Barnard College, del 19 al 21 de octubre de 1995.

— «El laberinto del tiempo existencia en *Trasterrado marzo* de Ana María Fagundo», Celebración Cultural del Idioma Español (CCIE), Segundo Encuentro Internacional de los Poetas de la Nueva Pléyade, Glendon College y la Universidad de York, Toronto, Canadá, 21 de septiembre de 2000.

— «La corporeidad del discurso en la poesía de Ana María Fagundo», Continental, Latin American and Francophone Women Writers, Annual International Conference of Foreign Literatures [9 Congreso Anual de Lenguas Extranjeras], Universidad de Wichita State, del 9 al 11 de abril de 1992.

— «La iluminación del ser por la palabra en *Retornos sobre la siempre ausencia*», Continental, Latin American and Francophone Women Writers, Eighth Annual Conference of Foreign Literature [8 Congreso Anual de Literatura Extranjera] Universidad de Wichita State del 11 al 13 de abril de 1991.

NEWTON, Candelas, «Goce estético y sistema expresivo en el texto de Ana María Fagundo: una lectura estilística», Philological Association of the Carolinas [Asociación Filológica de las Carolinas], Universidad de Clemson, del 12 al 14 de marzo de 1992.

— «Lenguaje poético, seducción y otredad: *El sol, la sombra, en el instante*», XII Simposio Internacional de Literatura: «La voz del otro: Disención y Marginalidad», Centro Cultural Rómulo Gallegos, sesión especial número 10: «Lenguaje poético, seducción y otredad en la poesía de Ana María Fagundo», patrocinado por el Instituto Literario y Cultural Hispánico, el Consejo Nacional de la Cultura y la Fundación Celarg, Caracas, del 1 al 6 de agosto, 1994.

— «Signos poéticos en la obra de Ana María Fagundo», Southern Conference in Foreign Languages and Literatures [Congreso sobre Lenguas y Literaturas Extranjeras], Rollings College, Winter Park, Florida, 26 de febrero de 1988.

OSINKA-BOSKA, Krystyna. «The poetry of Ana María Fagundo,» *Bieszczadzkie Spotkania Z Literatura Swiata*. Zamek Kmitów - Lesko, 17-21 Wrzesien 1986, Universidad de Varsovia, 1986.

PÁEZ DE RUIZ, María de Jesús, «La reafirmación del ser en la palabra: M. Albert, A. M. Fagundo y R. Geada», 5º Congreso Internacional de la Asociación de Literatura Hipánica Femenina, Modalidades de Representación del Sujeto Auto/Bio/Gráfico Femenino, sesión especial III: Quehacer Poético Y Autoinscripción del Sujeto, Davidson College. Davidson, Carolina del Norte, del 20 al 22 de octubre, 1994.

PASERO, Anne M., «Writing the Body in the Poetry of Ana María Fagundo», Mid-America Conference on Hispanic

Literature [Congreso de Literatura Hispánica], Universidad de Nebraska-Lincoln, del 3 al 5 de octubre de 1991.

PEÑAS-BERMEJO, Francisco Javier, «Ana María Fagundo: Reconstrucción de un volcamiento hacia la poesía», Asociación Hispánica de Humanidades, I Congreso Internacional, sesión 12 dedicada a la obra de Ana María Fagundo, Madrid, del 31 de julio al 6 de agosto de 1995.

— «El desafío vital ante la claroscura nada en la poesía de Ana María Fagundo». Conference «Poetic Discourse at Play» (El Discurso Poético), sesión XIV «Contemporary Peninsular Poetry» [Poesía Española Contemporánea], Universidad de California, Irvine», 14 de abril de 2000.

— «El perfil de la infancia en la poesía de Ana María Fagundo», 49th Annual Kentucky Foreign Language Conference [49 Congreso Anual de Lenguas Extranjeras], sesión sobre la poesía de Ana María Fagundo organizada por Margaret E. W. Jones, Edward Stanton and Francisco J. Peñas Bermejo, Universidad de Kentucky, Lexington, del 18 al 20 de abril de 1996.

— «La personalidad creadora de Ana María Fagundo», V Congreso Internacional de la Asociación de Literatura Hipánica Femenina, Modalidades de Representación del Sujeto Auto/Bio/Gráfico Femenino, sesión especial III «Quehacer Poético Y Autoinscripción del Sujeto, Davidson College», Davidson, Carolina del Norte, del 20 al 22 de octubre, 1994.

PÉREZ MARTÍN, Norma, «Ana María Fagundo, ensayista», XIV Simposio Internacional de Literatura patrocinado por el Instituto Literario y Cultural Hispánico (Westminster, California) y la Universidad de Antioquia, sesión especial sobre la obra de Ana María Fagundo, Universidad de Antioquia, Medellín, Colombia, del 5 al 10 de agosto de 1996.

ROLLE, Silvia, «Amor-Creación: única fórmula posible de tocar la eternidad del momento», III Asamblea General, Asociación de Literatura Hispánica Femenina, Universidad de Cornell, Ithaca, Nueva York, del 16 al 18 de octubre de 1992.

— «Creación, indagación y permanencia del ser femenino en la obra de Ana María Fagundo», Asociación Hispánica de Humanidades, I Congreso Internacional, sesión 12 dedicada a la obra de Ana María Fagundo, Madrid, de 31 de julio al 6 de agosto de 1995.

— «Discurso femenino abriéndose espacios más allá de lo femenino: El caso de Ana María Fagundo», XVIII Asamblea General y Encuentro Internacional de Aldeeu [Asociación de Licenciados y Doctores Españoles en los Estados Unidos], sesión dedicada a la obra de Ana María Fagundo organizada por Mercedes Junquera, San Juan, Puerto Rico, del 26 al 28 de marzo de 1998.

— «El cuerpo femenino como metáfora en la poesía de Ana María Fagundo», XIV Simposio Internacional de Literatura patrocinado por el Instituto Literario y Cultural Hispánico (Westminster, California) y la Universidad de Antioquia, sesión especial sobre la obra de Ana María Fagundo, Universidad de Antioquia, Medellín, Colombia, del 5 al 10 de agosto de 1996.

— «*El sol, la sombra, en el instante*: una sinfonía de luz y de tinieblas», XII Simposio Internacional de Literatura: «La voz del otro: Disención y Marginalidad», Centro Cultural Rómulo Gallegos, sesión especial número 10: Lenguaje poético, seducción y otredad en la poesía de Ana María Fagundo, patrocinado por el Instituto Literario y Cultural Hispánico, el Consejo Nacional de la Cultura y la Fundación Celarg, Caracas, del 1 al 6 de agosto, 1994.

— «La restitución de lo femenino en la poesía de Ana María Fagundo,» XIII Congreso de la Asociación Internacional de Hispanistas, Madrid, del 6 al 11 de julio de 1998.

— «Una red de voces fantasmales: *La miríada de los sonámbulos* de Ana María Fagundo», V Congreso Internacional de la Asociación de Literatura Hipánica Femenina, Modalidades de Representación del Sujeto Auto/Bio/Gráfico Femenino, sesión especial III» Quehacer Poético Y Autoinscripción del Sujeto», Davidson College, Davidson, Carolina del Norte, del 20 al 22 de octubre, 1994.

Rosario, Mari Pino del, «*Alaluz*: La mujer y la poesía», III Asamblea General: Asociación de Literatura Hispánica

Femenina, Universidad de Cornell, Ithaca, Nueva York, del 16 al 18 de octubre de 1992.

— «Poesía canaria», XVII Annual Hispanic Conference [Congreso Hispánico Anual], Universidad de Indiana en Pennsylvania, del 3 al 5 de octubre de 1991.

— «Ana María Fagundo's Poetic Language: The Vital Instant», Continental, Latin American and Francophone Women Writers, Annual International Conference of Foreign Literatures [9 Congreso Anual de Lenguas Extranjeras], Universidad de Wichita State, del 9 al 11 de abril de 1992.

— «La hablante/isla en busca de la solidaridad por la palabra», Centro Cultural Rómulo Gallegos, sesión especial número 10: Lenguaje poético, seducción y otredad en la poesía de Ana María Fagundo, patrocinado por el Instituto Literario y Cultural Hispánico, el Consejo Nacional de la Cultura y la Fundación Celarg, Caracas, del 1 al 6 de agosto, 1994.

SALGADO, María, «Autorretrato de la poesía en *Retornos sobre la siempre ausencia* de Ana María Fagundo», Mid-America Conference on Hispanic Literature [Congreso de Literatura Hispánica], Universidad de Nebraska-Lincoln, del 3 al 5 de octubre de 1991.

— «En torno al 'Segundo autorretrato' de Ana María Fagundo: Reflexiones sobre pintura, ser y poesía», Mountain Interstate Foreign Language Conference [Congreso sobre Lenguas Extranjeras], Universidad de Radford, Virginia, del 19 al 21 de octubre de 2000.

SÁNCHEZ-CUÑAT, Luis, «Algunos poemas de Ana María Fagundo como islas de intimismo comunicativo», XIV Simposio Internacional de Literatura patrocinado por el Instituto Literario y Cultural Hispánico (Westminster, California) y la Universidad de Antioquia, sesión especial sobre la obra de Ana María Fagundo, Universidad de Antioquia, Medellín, Colombia, del 5 al 10 de agosto de 1996.

SAUTER, Silvia, «Ana María Fagundo entre Eros y Logos en *Como quien no dice voz alguna al viento*», Mid-America Conference on Hispanic Literature [Congreso de Literatura Hispánica], Universidad de Nebraska-Lincoln, del 3 al 5 de octubre de 1991.

— «Extraña imaginería en la narrativa de Ana María Fagundo», Asociación Hispánica de Humanidades, Primer Congreso Internacional, sesión 12 dedicada a la obra de Ana María Fagundo, Madrid, del 31 julio al 6 de agosto de 1995.

— «La imaginería visionaria de Ana María Fagundo en *Como quien no dice voz alguna al viento*» III Asamblea General, Asociación de Literatura Hispánica Femenina, Universidad de Cornell, Ithaca, Nueva York, del 16 al 18 de octubre de 1992.

RUIZ-FORNELLS, Enrique, «El mar como símbolo en la poesía de Ana María Fagundo», Southern Conference in Foreign Languages and Literatures [Congreso sobre Lenguas y Literaturas Extranjeras], Rollings College, Winter Park, Florida, 26 de febrero de 1988.

VALDIVIESO, Teresa, «Aproximación figurativa a la cotidianidad de Ana María Fagundo», Seventy-Sixth National Annual Meeting of the American Association of Teachers of Spanish and Portuguese [76 Congreso Anual de la Asociación Americana de Profesores de Español y Portugués], Philadelphia, Pennsylvania, del 7 al 11 de agosto de 1994.

— «La poesía última de Ana María Fagundo», Southern Conference in Foreign Languages and Literatures [Congreso sobre Lenguas y Literaturas Extranjeras], Rollings College, Winter Park, Florida, 26 de febrero de 1988.

VÁZQUEZ, Mary S., «Anger and Acceptance, Isolation and Connection: Two Women Poets Reflect Upon Death», Mid-America Conference on Hispanic Literature [Congreso de Literatura Hispánica], Universidad de Nebraska-Lincoln, del 3 al 5 de octubre de 1991.

WINFIELD, Jerry Phillips, «Palabra viva en la sombra. La poesía última de Ana María Fagundo,» XVIII Asamblea General y Encuentro Internacional de Aldeeu [Asociación de Licenciados y Doctores Españoles en los Estados Unidos], sesión dedicada a la obra de Ana María Fagundo organizada por Mercedes Junquera, San Juan, Puerto Rico, del 26 al 28 de marzo de 1998.

— «Multiple Voices in the Poetry of Ana María Fagundo», Sesión 733 «Feminine Voices in Hispanic Literature» de la Modern Language Association, National Covention, [Convención Anual de la Asociación de Lenguas Modernas], Chicago, 30 de diciembre de 1995.

IX. INFORMACIÓN BIO-BIBLIOGRÁFICA

Contemporary Authors, Detroit, Michigan, The Gale Research Company, 1973, pág. 150.

Dictionary of International Biography, Londres, Melrose Press Limited, 1972, 8th volume, pág. 398.

Directory of American Scholars (5ª edición), New York, Jaaves Catell, R. R. Bowker Co., 1974, pág. 119.

Directory of American Scholars (6ª edición), New York, Jaaves Catell, R. R. Bowker Co., 1975, pág. 138.

Dictionary of Literary Biography, Vol. 134, Twentieth-Century Spanish Poets. Second Series, Ed. Jerry Phillips Winfield, Detroit, Washington D.C., London: A. Bruccoli Clark Layman Book, Gale Research Inc., v. 134, 1993, págs. 121-128.

Outstanding Young Women of America, Chicago, Illinois, 1971, pág. 218.

The World of Who is Who of Women, New Jersey, 1980, pág. 320.

The International Who is Who in Poetry and Poet's Encyclopedia. International Biography (7ª edición), Cambridge, 1993, pág. 102.

Quién es quién en las letras españolas (3ª edición), Madrid, Ministerio de Cultura, Instituto Nacional del Libro Español, 1979, pág. 163.

Quién es quién en poesía (Vol. I): Lenguas de España, Madrid, Asociación Prometeo de Poesía, 1985.

Who is Who in America 1992-1993 (Vol. I, 47ª edición), New Providence, 1992, pág. 1026.

BROTES

Poesía es lo que no puede ser
y está siempre siendo.

A mis padres.

BÚSQUEDA

Mi poesía

Es como si la rosa
pétalo a pétalo
fuera desnudando su fragante tersura
y se quedara limpia
e infinita en la soledad.
O cual si a jirones como gritos
de contenido silencio,
se me fuera desarropando lo más íntimo
en una dolorosa entrega.
Así es
ese yo inmensurable del poema
que me surca lo más hondo,
que me cierne,
me estremece y crucifica.

Poeta

El poeta
o el diálogo a cielo raso
con los siglos.
        El plantar de la semilla

en los surcos renovados
y la espera
—infinita espera—
a que crezcan los racimos
en el agua de las horas.
Ilusa espera del que sabe
que no se apresa la brisa
en cordones de palabras,
¡que no hay poema!
que la lucha es siempre vieja:
eterno diálogo del poeta con el Poeta.

La página en blanco

La página en blanco
o el aire quieto
para que me las entienda conmigo
y los luceros,
          para que me para
ante el atónito silencio
          en voz baja
y sacrifique el aliento más recóndito.
Y que las venas,
esas venas trémulas de brisas,
se desagüen como un río
en la mar inquieta de mis cosas.
La página en blanco
o el diálogo eterno
del silencio con el Silencio.

Parto o poema

El lento parirse inacabado
de lo todo que se siente rebullendo,

que se palpa en carne viva,
que nos sangra
       y que sabemos
escapable, inconseguido como el viento
o la niebla,
como el rojo que da vida.
Parto interminable
con la hora que da hora
y nos retuerce en la rosa
de sus heces
       y nos alienta
y nos persigue
       y nos clava al cimiento
que nos alza.
Parto agudo
en el silencio descontado
como un puñal de ahogado canto.

Mansedumbre

Saber que la pauta
la vamos desenhebrando cada instante
y que no cabe volver
sobre lo destrenzado,
que nuestro paso es un rasgar
de tinieblas,
       un descubrir a tirones
nuestro cuerpo y un quehacer desnudo
ante la soledad desnuda.
Saber que nuestro grito
es algodón tierno
       y que nuestra voz más íntima
es un caracol muerto.
¡Que toda nuestra angustia
se limita a un diálogo con el silencio!

Saber lo irremediable del vivir,
y aplacar el aullido
y seguir viviendo.

La noche

La noche es un silencio infinito
que confina
como un cuenco de luz
sobre los hombros de las cosas.
La noche —esta noche quieta—
que sabe todo,
que rompe todos los rincones
del cielo de vigilia,
la noche
es un canto desnudo de armonías,
un canto de los siglos
que susurran vejeces al espacio.
La noche es una mano inmensamente íntima.

CAOS

Qué duro este oficio de ir pariendo

Qué duro este oficio de ir pariendo
a trozos, a gritos, a cuajarones de silencio
todas las muertes en sucesivas muertes concéntricas.
Qué doloroso este irse abriendo paso por la piel,
por el músculo, por el hueso
y encontrar que no se encuentra lo que nos bulle,
que no se apresa en la mano estremecida
un puñado de viento.
Qué angustia de bisturí enarbolado
—irremediablemente—
como soga en acecho sobre el cuello
y no poder ¡oh Dios!
y no poder darlo todo en un parto único.

El poema

El poema o el anillo
a mi azogue de luna nueva.
El poema o el tallo a que vierta
lo que es mío y me destrence
sin remedio.

A que intente confinar
lo que es de ola y de lumbre
—lo inapresable—
es un cúmulo rotundo de palabras.
El poema o el desangre poco a poco
de mil muertes por lo muerto
y por lo vivo.
El poema o el alma gota a gota
extendida en la muerte de mis muertes.

Vienes tú a lo escueto

Vienes tú a lo escueto
de mi día y mi pupila
para que lo incoloro se me adorne
y me desborde sobre el todo
rutinario de mi empresa.
Surges tú en lo cuadrado
que encajono con empeño,
en lo justo de estrellas sin perfiles.
Hablas tú con la voz cansada
de mi silencio y mi retiro.
Te hablo yo con el eco de tu acento
en la distancia...
　　　¡Vuelo iluso
de dos almas apresadas entre luna y maquinaria!

Clamor

¡Cómo, Dios, se me encoge todo:
espalda y pecho en espina!
¡Cómo, Dios, se me exprime
lo último sin remedio!

Cómo me ahondo y me hundo y me ondeo
en raíz, en cuerpo inerte, en ola
y no me hallo
y no me soy en nada
y no puedo ajustarme más,
ceñirme más,
y no puedo encontrarme ni encontrarte.
Clamor mío de hombre-grito
sin vertientes,
sin mano de cascada
con que agarrarme a la piedra,
sin pluma con que esparcir las estrellas.
Dios,
¿hasta cuándo oirás inmutable mi grito?

Antidespedida

Quisiera exprimir hasta las heces
el llanto no derramado,
la sonrisa forzada,
el ceño cuerdo.
Quisiera parir de golpe
en torrente de tinieblas
toda mi angustia.
Exprimir hasta el cansancio
a la estrella, la luna, el lirio,
la espiga, la brisa, la fuente
y revestirme de cuchillos de sombra.
Hoy, ¡hasta Dios parece muerto!

Dios, qué inútil abatir de labios

¡Dios, qué inútil abatir de labios
y crispación de manos por la carne tibia!

¿Todo para qué, Señor?
¿Para qué este dolor suicida
de las horas por las venas,
del ancla de tu brazo en la retina?
Deja, Señor, que nada vale ya arrancarse
cuajarones de angustia.
¡Nada vale nada!
¿De qué sirve sembrarnos de luz íntima?
¡Todo queda estirado, árido en tu pupila!
Déjame, Señor
quiero cerrar mi puerta.
Quiero vivir —morir—
tranquilamente tranquila.

Qué partida llevo el alma

Qué partida llevo el alma
y los huesos,
        qué transida
hasta lo tope, lo cúmulo
y qué sueño de todo,
qué hundimiento de lo vivo
en este día de mis días totales.
Y no tener voz,
ni hálito
y lo radio y lo redondo
chorreando sus flores de tristeza
y acabarnos con la pena toda a cuestas.
¡Qué partida llevo el alma
y los huesos!

Abrir el ocaso del cansancio

Abrir el ocaso del cansancio
como un pomo de ajadas esencias
para festejar lo tardo y lo lejos,
para arrancar en gritos la aurora.
Nada más y nada menos que sentarse
cuerdamente a rasgar tinieblas
con los dedos.
Tenderse boca al cielo
entre el lirio y la basura
a partirse inútilmente en el poema.
Eterno quehacer de tristeza.

Poema 88

La palabra de la luz no tiene nido
en mi pozo ya sin luna y sin sentido,
ha volado su vuelo aquello
que en un pasado de luz
alimenté de silencios y de sueños.
Ahora me he quedado sola
con la noche de los siglos
enredada a mi voz como un recuerdo
de pasadas ilusiones.
Me es dado el pan en abundancia,
pan de almíbar arciborosa,
pan de arenas imposibles.
Me es dado el dolor con creces
como la luna llena en invierno.
He pagado el precio —justo precio—
del que escoge para pauta
un par de alas de luz,
un racimo de brisa
y una meta infinita.

Vaguedad

Tengo todo tan metido en las esquinas
ilusión,
anhelo,
amor,
fantasía,
procesión inacabante de mis cosas
en una pauta infinita.
¡Y no sé... no sé qué pan de luna
apagará esta hambre de vida!
Tengo todo tan estrecho,
tan de lo justo y exacto
allá lejos,
allá vago,
allá perdido en la armonía
de mi yo.
Tengo el todo en un devenir
de arena y ola,
en un mar distante, íntimo.

A *puñados se me mete tu recuerdo*

A puñados se me mete tu recuerdo
en los resquicios de mis cosas.
A puñados estremeces todo el orbe
que te ciñe borrosamente, sin perfiles,
en un vano desear no desearte.
Cortante, fuerte, con limpieza
de capullo nuevo
te me llegas intermitente
con la voracidad lisa de la ola.
A golpes del no serse
te me incrustas,
me retienes

y miras vacilante
mi parto sediento de lunas,
de brisa, de lirio, de serme.
¡A puñados de lo pétalo quiero serte!

De espada en despunte

De espada en despunte,
de torre truncada,
de canto.
De todo
extendida hasta lo sumo
me crezco, me elevo por lo filo
de lo básico, me surco
—lirios exprimidos sobre el pecho—
me acabo en plegaria naciente,
muriente, en voz, en grito.
De todo y de nada
hasta el cenit me siento.

Cansancio

Lo anhelado se deshace
en cuerdas de sombras,
en mohínas cascadas de tinieblas,
en bruma,
en canto tristemente inacabado.
Y no queda en los confines
ni polvo,
ni soplos,
ni puñados sonoros
con que trenzarse a los vientos.
Una mano inmensa de dejadez

agobia las horas,
las tiñe de carne de bruma,
las adelgaza,
lo cierne todo en lo espigado
del sueño.
Lo anhelado se deshace
en mantel de luz
sin frutos,
con manjares de siglos de cansancio.

REMANSO

Retorno

Ya me vuelvo a lo mi yo,
recogida, en puntos de sombras,
infinita, a recogerme.
Ya metida en lo sumo
—rosa pariendo—
me torno a lo estrecho
en espiga sin brisa.
Con un puño de viento sin retoques
apretada la grupa de la voz,
ceñido el sueño,
sin violines de siglos,
me contemplo,
me contemplo desnuda:
tallo y cielo
      en lo escueto
de las cosas de mis cosas.
¡A lo mío de mi yo
—luz en todo—
      he vuelto!

Renacimiento

Vuelvo a lo justo sin retoque
ni ornamento,
        a lo justo conseguido
con dureza
de palabra dicha y redicha
en el yunque de la idea.
Vuelvo a lo mío incesante
a palparme, a tocarme, a disectar
lo indisectable de mi siglo
de otros siglos...
        Vuelvo a lo mío
a lo mi-dios de lo mío
—ola playa de mi incesante renacerme—
a inflar de brisa la vela
en lo mío inextinguible.
¡Vuelvo a lo mío abrasado
a abrazarme!

Transición

Entonces todo lo imaginaba suave,
limpio, ceñido de no sé qué
aureola tibia como si un aliento
de agua mansa bañara todos los enseres.
Luego el mar con retumbante faz
de potro desbocado
cubrió las cosas, los casos y los enseres.
No hubo más puertas abiertas a la brisa,
ni más alas de luz,
ni más sueño banal.
Entonces me crecieron raíces
y me afinqué a lo cuadrado y exacto.
Me afinqué entero

consciente de mi amarre y mi cordel.
Pero un día no sé cómo
destrencé mi raíz, mis raíces,
y me quedé para siempre
entraña abierta a lo briso y a lo viento.

Todo eso que me soy

Todo eso que me soy
espada ardiendo,
punto,
carne en vilo,
aliento suelto,
se va tras ti,
tras tu recuerdo de azogue
en un cirio infinito, parpadeante,
como un silencio montado
en un hombro de tinieblas.
Todo eso que me vibra y me retuerce
y me estanca,
      reverdece en lo lejano
hecho punta de tu voz.
Todo tú te me ciernes
en un puñado inmenso, limpio
como una hoz de luz en mis esquinas
—irremediablemente—.

Fuente

Agua recta de la fuente
como junco en suave juego con la brisa.
Alta y delgada hasta el tope
donde curva chorreando una sonrisa,

sonrisa de granos de agua
en jugosa charla fina.
Agua-fuente, fuente-agua
sobre estanque verde irisado
de ondulantes armonías.
Agua-cuadro a mis pupilas,
agua-fuente de mi canto íntimo.

Tenerife

Mar como un puño englobando
el quehacer de mi retina.
Azul mar como un preludio cuesta arriba
de sinfonías agrestes,
de apiñado canto de isla.
En todo y por todo
el mar confinando al horizonte,
abriendo mil capullos de sueños...
(¡Qué angustia de agua redonda,
de cielo redondo,
de tierra rugosamente constreñida!)
Isla en punta,
en plegaria,
de rodillas sobre un manto de mar infinita.
¡Isla y mar en un abrazo de extática agonía!

Canarias

Isla en islas,
en puñados dispersos de plegarias,
en punta, en plano,
en tormentosa geografía.
Vuelo de lo hondo

truncado a flor de agua,
rezo con arranque de mar,
de ala corta,
ala en isla, en islas
de alborozado apiñamiento.
¡Escalones de mis sueños,
islas todas en una única isla!

Azul-isla

No hay sueño bastante
para este dormitar inmenso
de cono erguido en la soledad.
Ni azul hay para este anhelar
azul-celeste,
para este batir azul-ala
del quererse.
¡Qué dolor de azul en punta
sobre el alma!

Lo rondo

A irse en el volverse rutinario
de la misma hora
y la misma estrella.
A dar vuelta
al mantel de cada día
y a la sed de siempre.
Rondo ver,
rondo horizonte,
ronda mar,
ronda lava.
Isla en pico rondo,

en aguja fija, igual, silente.
Y todo en la misma hora,
la misma estrella,
en la misma isla ronda.

CAMINO ABIERTO

El poeta va conmigo. Adonde voy

El poeta va conmigo. Adonde voy
voy conmigo y el poeta.
¡Qué dolor de cárcel-cielo,
de pájaro enjaulado en su pena!
Angustia de sonreír,
de ganarme el pan,
de ser normal y corriente,
¡y llevar este aleteo inmenso
siempre conmigo!

Era domingo

Era domingo.
El sol corría por los trigales fugitivos.
Ascendían
espirales de viento del mediodía.
Bajo la rosa
—escondida—
jugaba el agua.
Era domingo.
La calma bostezaba

tranquilidades de brisa por los caminos.
Mi vida se iba como un sueño
tras tu vida.
Era domingo,
un domingo herido de sol y melancolía.

Sentir

La negrura cabalgando por las calles
va dejando tintes de muslos cerrados en ocaso,
alientos de cenizas en esquinas,
sabor agrio a llanto.
En todo corre un algo
desbocado y sin semblante
como un tibio frío inacabado.
Hay algo que cuelga amenazante
por el aire...
       No sé... estoy sintiendo
murmullos que salen de palabras...
voces que me hablan sin voz,
sombra que se escurre por mi sombra escalonante,
escalonándome.
¡Sólo una hebra me ata a Dios,
sólo una hebra sola que se ablanda!

Hoy

A flor de todo estoy como un gemido,
rotundo como un dios.
Estoy en todo renacido, rezumado, roto y rehecho.
Reacabado por el hueso
y la sangre mía de los otros.
Hoy estoy hecho para cantar

a cuchilladas de palabras
toda esta injustificada pena
que me ahoga por los siglos,
esta angustia inacabable
de ser recurrente primavera.
Hoy estoy hecho para rasgarle
angustias al silencio,
para tirar como un ciego
por las esquinas
la voz.

Y

La rosa ya de piedra,
        la luna,
la estrella pariendo su postrer ceniza...
Oh, Dios, ponerlo todo en plano
y sentir que es punta
        lo que hierve
y que la carne en racimos
        nos alienta
y todo permanece en vísperas de ser
y nos remuerde la voz.
¡Y todo se queda, siempre, en ciernes!

Dialogando

De este arropamiento sutil
de lo recuerdo y lo olvidado,
de este canto recogido
en perfiles de llanto,
de este todo
más allá de la palabra

surge en sombra,
en débil eco,
en voz mitigada,
     el poema.

Ser hombre

Ser hombre por lo hombre de saberse
herida abierta,
mano inmensa agitando lo infinito.
Ser hombre
por saber que con dolor
fabricamos deslunas de noches
y auroras de medios días.
Ser lo todo.
Ser lo nada.
     Ser hombre.

Oh, Dios, qué dolor de entonces

Oh, Dios, qué dolor de entonces
y de ahora
y de siempre.
Dolor de decirlo todo
y todo acallarlo apiñado al sueño.
       Hacer
barquitas de papel
y aviones de periódicos viejos,
encaminar las horas por los momentos
y ponerle nombre a todo
y ahogarse en todo
     y seguir viviendo.

Volver las cosas por sus forros

Volver las cosas por sus forros
y subir por los caminos
      y los atajos.
Sentir
palpar
ahondarse en una búsqueda
de imposibles renaceres.
Escalonar las esquinas
en punta
en plano.
Formidable incongruencia
de clavarse puñados de sueños
para seguir
tranquilamente muriéndonos.

En Londres

¡Qué puño de acero y agua
en la sien recién podada!
Seattle, Londres, París, España
o lo solo con lo solo
en contienda
      por la brisa
      y lo imposible.
Con el alma
encogida en los rincones
en jirones de soledad ensimismada.

Rutina

Cabal con la rutina
por las rosas.

Urgente,
justo,
salpicado por las horas,
salpicante,
con puñales de sueños
por los dedos
y sonrisa de buen hombre
por el llanto.

Conjunción

Tú la voz,
yo el silencio a grupas de tu voz,
el jinete ensimismado
con todo el potro de la palabra
entre mis muslos de sombras.
Los dos conjuntados eternamente,
separados.
Tú: el poema
Yo: la poesía.

De amor

¡Qué vuelo a flor mía de rosa,
de lila suelta,
de nardo recogido,
de llanto balbuciente!
Amor en canto al aire
como un puño de sol que se me escapa
hacia dentro,
hacia arriba,
que me atraviesa en luz,
que me levanta!

Razón de ser
—o de no ser—
rota y esparcida,
    en flor,
    en luz,
    ¡en alma!

Deseo imposible

Voy de prisa por mis asuntos
para endulzarme
y endulzarte el semblante.
Ya sabes que no quiero
que sufras por mi culpa.
                Mi deseo
es que lleves el mejor traje,
aunque tenga que ceñirme la cintura
y apagar el llanto.
No quiero que te vean desnuda,
el frior de tu carne
es puñalada en mi carne.
Quiero en cambio
que te arropes con mi aliento
y me dejes animar nuestro canto.
Quiero endulzarte
y endulzarme.

Oficina

Mesas, sillas, libros
acosando el vuelo
de dedos,
de retinas.

Un trozo de azul allá lejos.
Una estrella de sombra en el pecho...
Mariposas de luces
para alimentar el recuerdo.

Esparcimiento de luces familiares

Esparcimiento de luces familiares
en recuerdo
o en cadena de otra voz,
de otro latir,
a carne en vilo,
a aliento suelto.
        Hombre de otro hombre
¿Ilusión nueva?
¿Viejo sueño que revive su tormento?
Aliento antiguo
que se abre en flor,
        entero.
¡Dios, qué dolor de ala nueva en todo el pecho!

Un pétalo

Un pétalo,
una hoja
resbalando por la brisa.
Un recuerdo
floreciendo en las raíces.
Un canto.
¡Hoy
en punta
florecida!
Hoy verdecido mi llanto

en tu llanto milenario.
¡Mi alma ciega
tras tu alma!
Hoy.
Siempre.

Eres ola recabante, soterrada

Eres ola recabante, soterrada
voz de espuma
en mi playa.
En el quehacer rutinario de mis horas
eres alma por lo dentro.
En mi risa y mi sonrisa de momento
eres ráfaga callada.
En mi tristeza solitaria de las noches
y los días eres hálito vibrante.
En la nada de este inmenso devenir
que es mi vida toda, mi nostalgia,
eres
    llanto,
        luz,
            deseo,
                esperanza.
Pecho-cuna de mi extraño ser.

Beso primero

Blanca la página
entre los ojos blancos.
Blanca el alma.
Espuma, estrella, luna,
algodón tierno.

Nieve de luz
vistiendo
mis labios temblantes
de tus labios
blancos.

Todas las campanas al viento

Todas las campanas al viento
en un solo canto de espuma
de amor,
amado, de llanto.
Tu voz,
tu presencia,
tu sueño
en mi pecho sin luna,
en mis olas de labios muertos.
Tu semilla sedienta en mi páramo
y esta alegría mía, amor,
cómo me duele en los huesos.
Con qué cansancio de siglos
espero tu aliento,
por nada,
para nada.
Amor,
dolor,
desierto.

ISLA ADENTRO

*Para mi mejor amigo y maestro:
mi padre.*

ISLA-POESÍA

Gestación

En punta.
A punto de ser
mi alma toda
al borde del suceso
en espera
       de lo mío recurrente
sola
recogida
ola aún no espuma
capullo aún no rosa
brote ciego tanteando su cromático despliegue
       inminente ser en ciernes.

A la voz

Sueño mío inapresable,
sombra de mi carne,
invisible médula de mi sangre.

Voz,
   quimera que te da

Él que me sueña,
hilo umbilical que me alimenta,
placenta de misterio que me crea.

Voz,
    con qué palabra mía
    —palabra tuya—
    podría yo
    —que eres tú—
    verterte y que me viertas.

¡Si me llevas —misterio en ti— disuelta!
¡Si te llevo —misterio en mí— disuelta!

A la palabra

Surcarme y volverme a surcar
apretando un puño de grito
a ras de la palabra,
casi tocándola
sintiendo su bisbiseo de falda
rozándome los bordes de la voz.

Resurcarme para decirlo
con la palabra que enmudece en la desnudez;
que no avanza
cuando la calzan de fiesta.
La palabra que se me anuda en sombra
a la garganta.

¡Palabra mía
sorda y ciega,
lisiada mensajera de mi voz en tierra!

Y si no fuera

Y si no fuera por la tan manoseada rosa,
la estrella,
la luna,
el huracán del quejido en el viento,
la vana ilusión,
la voz,
los sueños.

Y si no fuera por este pan
que atraganta
la cueva de todo nuestro silencio.

Y si no fuera porque nos sabemos
carne,
sangre,
polvo,
misterio...

A la poesía

Es tan duro este bien de amarte.
Es tan duro este encendido dolor
de estrecharte como a una brisa
o a un sueño imposible de inmensidades.
Tan duro sentir el tibio roce de tus labios
y el aleteo suave de tu cuerpo
ola en mí, mar de aire.
Amarte en una lucha loca con la muerte,
llenar mi estancia de los pájaros de tus pasos,
besarte.
    ¡Qué dolor me das amor!
    ¡Qué dulce dolor me doy amándote!

A la poesía

Mariposa,
gentil aire
que se despierta
en mis venas,
rumor de Dios
que me encadena,
voz de mi voz,
son de mis soledades.

Aquí estoy
abierta al viento,
mi cuerpo todo
un silencio
de olvidadas aves marineras.

Aquí estoy
en ferviente espera
como el hambre de un niño,
como el campo que aguarda a la primavera.

Errante paloma
—brisa, sol, quimera—
prende mis alas,
aligera mi canto,
rompe la cadena
y el pesado manto
de mi enlutada palabra prisionera.

Poesía en mí

A veces en mí
me encuentro extraña
como si mi carne y mi sangre asistieran

a una concepción de algo mío
de otros tiempos
que hoy irrumpe dentro y fuera de mí
en oscuros chorros de luz.
Y me sé confinadamente dispersa,
atada,
con alas más allá de lo que pienso
y siento.
  Agrandada.
En otra cárcel y otro cielo.

Poesía

No me dice de qué fuente es su agua,
de qué mar, riachuelo o lluvia desciende,
arde, eso sí, como la nieve en la montaña,
corre, se incendia,
retoza libremente con mi palabra.
Es suave, misteriosa, esquiva,
y a veces dolorosamente alegre.
Tiene no sé qué fulgor de alas,
confunde, entristece,
atormenta, arrebata,
es a la vez niña, rosa, luz;
la lira de mi tembloroso secreto de enamorada.

ISLA-HOMBRE

Puesta de sol

A horcajadas de la pena
con la brida de la alegría en corto amarre
    marchamos,
    puesta de sol a galope,
por los pasos trastornados de la tarde,
    hacia la noche.

No hay alcance
    que nos ate
    o que nos libre,
todo es una bola inmensa de sangre.
Desde el árbol apuñalando a la sombra
hasta el grito asfixiado por el aire.
    Todo está hecho
para que cantemos
    y lloremos,
para que nos sajemos en agujas de misterio.

Y el hombre en pie

Y el hombre en pie
empinado sobre su sueño

estirado
y yermo
entre tierra y cielo.
Desnudo
y abierto a todo viento
en llaga
solo
sufriendo.
Sostenido por las gotas de luz
que le da
como una limosna
el misterio.

¿A qué partir o salir de cosa?

¿A qué partir o salir de cosa
sin rumbo yendo
ritmo lento
o el mismo ritmo del reencuentro
                y la sed
de no encontrar el cielo enjuto
                el mar
el mar adentro, el mar afuera, o el mar sin mí
en el apretado muñón de mi isla en sueños?

¿A qué partir o salir o llevar
                conmigo la sal
de lava de mis huesos
                y el polvo azul
y este anhelar a la deriva?

¿A qué partir o salir de cosa
                rosa
                        yendo?

De tierra

De la tierra esta que araño y piso
a la tierra empinada
de mi cuerpo siendo en movimiento
brote,
fruto,
desnudo árbol en invierno.

O por la tierra hecha luz en mí
a deshacer y hacer
el mismo sueño baldío de los siglos,
el mismo cuento y canto de la hora,
ir abriendo
o cerrando
          armonías que bricen mi desconcierto
de tierra de cuerpo yendo.

Lo hombre

Corriente subterránea de la voz
sin alivio en el túnel
de la palabra.
          Dejadez de lo hombre
sin aunarse en nada
y ser brote en todo
          solitario
espejo de sí mismo
          cayendo
de sí en sí,
          siendo
espiral del propio movimiento.
Cabo y punta.
          Girasol del sueño.

Un

Un martillear con alas de luz
            en el pedernal del viento
Un retroceder
Un avanzar
Un tener la barca de remos de sueños
Un tenderse al polvo
            Un día cualquiera
            sin saberlo
Un coro de olvido
            durmiéndonos.

Ir de hombre

Vamos como va la mar o van las flores
acariciando ilusorias colinas,
olvidadas playas, viejos balcones,
mendrugo de silencio en las esquinas
y alegría forzada en los rincones.

Vamos como va abril, mayo, como va
la brisa con su brazada de olores
dejando aquí una sonrisa, allí
destapando pomos de agrias esencias,
capullos, pétalos, silentes sones.

Vamos como va el campo con la alegría
que la primavera trae cada año
en la suave grupa de sus primores,
caballo a galope nuestra piel de hombre
¡ilusionado ser sin ilusiones!

Vamos como va la mar o van las flores.

Un grupo de grotescos gritos

Un grupo de grotescos gritos
está horadando
la brisa atormentada
de los caminos.
Tu garra pasa, Dios,
como los ríos
y mira qué yertos
se quedan tus hijos.
Tu voz les aplasta
los ilusos nidos.
Tu voz les arranca
la risa y el gesto.
Mira, Señor,
mira sus cuerpos quietos, vacíos.

Existencia

Existencia:
        absurda algarabía de colores,
        risa, llanto, brisa,
        espadas de agonía sembrando ilusiones,
        sol, monte, enajenados cantos.

Existencia:
        cuánto manto de esperanza en tus pendones,
        cuánta rota alegría en tus dolores,
        cuánto murmullo de rezos,
        cuántos huesos despojados de sus ternuras.

Existencia:
        amarga dulzura,
        dolida flor entre las flores.

En viaje

Una a una como cuentas que contara
repasando
          lo sabido de otras horas,
de otro viaje mío en sueño,
                    voy viajando
como entonces y después,
en ahoras de tinieblas
y de besos de paisajes en los párpados.
Llegando siempre,
          nunca.
Siendo
canto y llanto
sangre soñando.

El agua

El agua cayendo

a ratos mansa

a ratos rebelándose
contra el sufrimiento

          de caer
               caer
cada vez más cerca
          hacia adentro.
Ahuecándose
cansadamente.
Ahondando
en el silencio.

Sed de hombre empinado

Sed de hombre empinado
sobre mi hombro
acuciando
mi andar con su aliento agitado
y su dolor tajado de misterio.
Sed de este ser mío
isla adentro,
mar,
cielo adentro, acongojado,
enhiesto,
hombre ceñido a mi sueño,
en vilo por mi sangre,
ciego de mis siglos de silencio.

¿A qué?

¿Y este misterio de cuerpo florecido
como un sol recién salido
o un río en loca pugna con los montes,
o un horizonte rebozado de poniente?

¿Y esta mente que se inflama de luz
y estas venas que se crecen cual torrente
por los surcos de la carne?

¿Todo este raudal de vida
a qué silencioso lago,
a qué nube,
a qué inquieto mar sin nombre?

Canción primaveral

Dicen que la primavera tiene
cuatro tiestos de colores
que con gran esmero cuelga
cada mes de sus balcones.

Dicen que en marzo planta suspiros,
en abril cosecha amores,
en mayo risas y brisas,
y en junio viejos dolores.

Dicen que el verano trae
sinsabores,
el otoño oro y sangre,
el invierno
sus pavores.

Mas la primavera viene
por valles, ríos y montes
cada año
bordando en el horizonte
sus peldaños
de trinos, mieles y flores.

Vivir

Vivir es esto:
sacar la ternura de sus rincones
como se saca el llanto de los ojos;
llorar cuando es preciso,
reír con cal de llanto,
amar el undoso vuelo
del inconsciente pájaro.
Sentir.

Sentir que todo es canto inacabado,
canto que ya han dicho otras voces
mas canto redivivo,
hecho de luz de camino.
Canto hecho hombre.

Vivir no es más que esto:
henchirse de ilusiones,
vestir al pobre cuerpo
con mantos de colores
que el tiempo irá sajando cada noche.

Saber que nos sabemos oscura luz,
ansia empinada, esperanza torpe,
que por nuestra ilimitada sangre
corren ríos de Dios.
Saber que somos hombres.

Sed

Llevo sed de tierra
sed de océanos ocultos
sed de llenar el hueco que me sustenta.

Llevo el polvo primario
hecho nido en las venas.

Hambres de infinita sed
pasan por mi voz en vela.
Bayonetas de silencio me asaetean.

Marzo

Marzo se está desnudando
verde oro entre los naranjos,

blanco sobre las azucenas,
rojo en las amapolas del campo.

Marzo está aquí entre mis manos
con su diminuta fiebre
de vida alentándome.

Marzo está ahí en la brisa
besando la sangre de los hombres,
ardiendo en la savia de los árboles.

Marzo está entre nosotros
como un dios resucitado,
gritándonos en las venas,
corriendo por las veredas,
dialogando con los pájaros.

Marzo se pasea por la tierra
con su recién estrenado manto.

El viento

No sé qué dice el viento,
el viento que hace nidos
de brisa en los árboles,
el viento que se riza de azul
sobre los mares,
el viento que ha luchado
en todos los combates.

No sé qué dice este suave
son de luz recién nacida,
esta ilusión que avasalla
el silencio de mi estancia
y la oscura paz de mis cristales.

¿Qué traerá el viento
entre los pliegues de su vieja capa?

¿Qué traerá que sobresalta el paisaje
y atemoriza a la madrugada?

El canto undoso de los pájaros

El canto undoso de los pájaros,
una sonrisa,
la paz del sendero bajo los árboles,
tu gesto de cielo recogido,
y mi florido sol de mayo.
¡Cuánto fruto desgajado!
¡Cuánta esperanza en los caminos!
¡Cuánto tibior de barro ilusionado!

Primavera amaneciente

A punto de ser
la savia urgente
            de mi cuerpo en vela
            amanece a las cosas
            como un grito ardiente.

El árbol de brote en acecho.
El sol al borde de la adolescencia.

            Todo amaneciente
            como un traje nuevo
        sobre las carnes cansadas de la tierra.

Gracia

La brisa juega a capricho
en los árboles estivales,

bailotea entre las hojas,
ríe incolora en el aire.
Tiene el azul gorgojeo
de un alba recién nacida
o de un cielo de muchos mares.
Parece que la brisa fuera
un aleteo tibio de beso
o un dolor fino y terso
que adornara a lentejuelas
de rocío el universo.

Liberation

Ser
azul
levantamiento
alada libación de ola
mar
sin playa.
Brincar
el filo de todas las barcas
ancladas.
Ser
brújula
en busca de un puerto
y
nunca encontrarlo.

Los pájaros son los poetas del aire

Los pájaros son los poetas del aire,
para ellos no hay más música
que el lírico borboteo de sus picos,
no hay más azul cielo que el de sus alas.

Su misión es puntear el aire
con sus alborotadas notas,
burlar la quietud del azul,
jugar jovialmente entre las ramas.

Los pájaros son los reyes de la brisa,
los dueños de la alborada.

Cantos ingenuos

(En viaje Florida-Tenerife)

I

Mar, estás tan suave, tan blando
al tacto de la vista. Tienes
tez de niño, pechos de mujer,
vestiduras aterciopeladas.
A mí que te enamoro, hoy me brindas
tu caricia más blanca, tu hondor más azul
y yo por ti mar, soy apenas un susurro
en un vaivén de ondas enlazadas.

II

¡Qué sensación de mar, de isla,
de océano clavado en mi pupila,
de vida dispersa en diminutas
soledades de piedras erguidas!
Y tú, mar, bordeando, acariciando,
onda tras onda, ola tras ola,
la silenciosa altivez de mi isla.

III

Por la alegría de tu quehacer
de orilla a orilla,
por el hondo azul de tu pupila,
por tu vaivén, mar,
el ceño de mi frente se dulcifica
y mi pluma abre su fuente más íntima
como si la brisa se preñara de armonía
y un parto de luz amaneciera en mis esquinas.

IV

Hoy, mar, estás de algodón azul,
recién nacido. De risa de niño.
De cielo nítidamente construido.
Tus olas: labios de celeste magia.
Tu espuma: cadenas de sonrisas.
Suave, blando, delicado como un niño
¡Qué paz de ir sobre tu espalda
como una brisa acariciando tus rimas!

V

Mar, yo voy por ti como por un sendero
hacia la luz o al dolor,
ensimismada en tu cielo,
abierta al sol de mi deriva.
Voy de mar a mar,
como tú vas de costa a costa, buscando
un imposible sueño de mejor azul.

Sunset in Laguna Beach

¿Y este oro de sol sobre tu piel, mar,
esta sangre del poniente en tu sonrisa,
estos pájaros de anochecidas ondas?
¿Dime, mar,
dime qué arco iris
se ha caído, rota luz, sobre tu cielo?

Autopistas

(Los Ángeles, 4 millones de coches)

¿Cómo hacer vibrar la mediocridad
agobiante de las horas,
las pupilas vacantes, vacías,
la comercial sonrisa de las tiendas,
las inmensas autopistas
de neutral fisonomía?

¿Cómo decir de la rosa su color,
del sol su soledosa algarabía
entre tanto motor, tanto rodante
chirrido a ras de tierra?

¿Cómo decir de la ternura
aliviadora de la brisa,
del alado amparo de los pájaros,
del humilde dolor de las esquinas?

¿Cómo decir,
con qué decir
de la armonía?

El círculo

No es que la lluvia no venga
y las espigas maduras
no ondeen sus oros en la brisa.

No es que las eras a su tiempo
no se ricen de sol
y los pájaros digan su undoso canto.

Todo llega cada año con la primavera,
la aurora vierte en la mañana
su canción de luz,
el aire camina suavemente por las rosas,
el mar borbotea silábicas armonías.

Todo llega cada año con la primavera
y todo se lo lleva el otoño
en la enloquecida sangre de sus colores.

Dawn

Rompiéndose en monótonas cascadas
de tristeza va la luz despuntando
las calladas cimas de las tinieblas,
horadando a golpes súbitos de color
la amalgama de las horas
donde se confunden las lágrimas y las risas,
los ojos que no verán más la aurora,
el llanto de seres recién amanecidos,
el sudor del hombre empinando su sueño
al quehacer de cada día.
Y es que la mañana llega siempre
a pesar de la tristeza, o del sabor acre
que deja la noche en el paladar del lecho,

llega, y cubre de luz nuestras esquinas más íntimas
y nos sentimos, mientras dura esta ilusión de abril en
[alboradas,
inmensos, inmortales, como si una primavera
sin fin se hubiera diluido en nuestra sangre.

Girando

El muslo tibio girando
con el brazo, y el abrazo, el labio
hecho flor y el beso
de la noche en el regazo.
Regada y recogida en un vientre apuñalado
de azucenas o de rosas circundantes.
Hecho día. Amontonado en las manos,
rezumando viento al borde de los costados.

Y el muslo tibio girando.

Capullo a punto de ser. No siendo.
En punta, dislocado,
en ciernes como un beso aún sin labios.

Y el muslo tibio girando.

¡Dios! y el llanto,
el llanto que ya no lleva temblantes juncos de agua.
Y este manantial hecho noche de la esperanza
y un vientre más
o una rosa más
sin saber por qué o para qué en un girar girando.

El hijo

Este cuerpo mío de Dios acorralado
hacedor, sin quererlo, de misterios;
hijos que pasan como cal de mis huesos
a la caverna en luz de mi agonía toda.
Y luego
sangre empinada de deseos
y un sudor más abriendo el suelo
y un silencio más creciéndome en la frente.

Este cuerpo mío pariendo a la vida
otros cuerpos de mi misma sangre, carne
                de mi absurdo ser siguiendo
túneles redondos de misterios.
Mi hijo que arranca jaspes de locura,
venas en cadenas
                y un sueño inmenso,
                un sueño.

¿Adónde?

¿Adónde este silencioso habitar de mis hombros
y este humilde recodo de mis esquinas?
¿Adónde esta temblante raíz florecida?

¿A la crispada piel de la mar,
a la plegaria en punta de mi isla?

¿Adónde este misterio que me llena
la sangre de saetas de sueños
y de azules algarabías?

¿Adónde tanto anhelar
de timón de barco a la deriva?

¿Adónde, oscuro horizonte,
monte,
      cielo,
           luz,
               adónde?

ISLA-AMOR

No sé decirte la palabra

No sé decirte la palabra,
se me hincha en la garganta,
me inflama el pecho de luz,
silba, canta, hace piruetas como un niño,
prorrumpe en risas por la pradera,
besa a las rosas, infla a los ríos,
salta, corre, en un desvarío
de tumultuosos colores.
Tiene el humilde olor del pan,
la vertical energía de la espada
y el sabor a mar de las lágrimas.
No sé decirte la palabra.

Canción primaveral

Primavera apretada
como un grito en vísperas de ser,
            ¡sol de marzo amaneciente!

¡Qué delirio a flor mía
            de amor en ciernes,
            de canto dormido que rejuvenece!

Por ti la aguja del pensamiento

Por ti la aguja del pensamiento
en un blanco sueño
y la daga del dolor
un suave cantar.
Por ti el poniente lleva colores
más tiernos,
por ti se dulcifica la mar.
Porque tú eres, sin saberlo,
el cielo azul en el invierno,
la risa del agua en el desierto
y el faro del puerto
en la oscuridad.

Conjunción

La luna esparcía su luz
en tu pelo
un verano de agosto
fructífero y ligero;
un verano de savia nueva
y de jóvenes sueños.

La luna desgranaba
su blanca risa de jilguero
sobre la isla en sombra
y sobre el mar de mil reflejos.

Tu juvenil pisada hollaba,
con su varonil peso, mi sendero
y de mi tierra ardiente,
volcán de isla adentro,
brotaba la alegría
con profusión de gestos,

se llenaba mi senda de ruiseñores,
de fresca grama, de delirio,
de risas y de besos.

La luna nos guiñaba
el ojo solitario de su cuerpo.

En el cuenco de la noche se aunaron
el fervor de la semilla y el calor del huerto.

Mi vida se cerró un momento en que quiso

Mi vida se cerró un momento en que quiso
el polvo ser nube que escalara el espacio,
un momento en que el mar ardiente se amansó
en las olas rotundas de tus fogosos brazos.

Mi vida se plegó al borde de tus labios
una noche de suaves agostos virginales
cuando tu voz tejía rocíos con la brisa
y hervían en mi sangre gozosos manantiales.

Mi vida se sumió en tu mirada inmensa
como se sume la arena en la ola infinita
jubilosamente entregada a tu aurora
con la inocencia niña de la primera cita.

Tú ya habías hollado arenas de otros mares
y llevabas espuelas en tu firme pisada.
Yo estrenaba unas alas de tierna algarabía
que le había robado a la brisa temprana.

Volé y tú me seguiste risueñamente alegre
jugando con la espuma del mar en alboroto,
saltando con la sangre, de roca en roca...
y el mar reía, reía, inmensamente loco...

Y mi risa brincaba de ola en ola jubilosa,
y tu voz me seguía sabiamente sonora...
Era el mar, y la arena, y la espuma, y la roca...
y tu espuela de plata con su tin-tin de onda.

¿Amar?

¿Amar? Tirar al viento campanillas de alegría
calzar sandalias de aurora.
Ser
    nube
       nave
          nieve
             novicia
ser discordante algarabía.

¿Amar? Sembrar los surcos de simientes de agonía
vestir cilicios de tinieblas.
Ser
    río
       rueda
          rayo
             rüina
ser estrepitosa armonía.

¿Amar? Arrinconar a la muerte en la esquina
de nuestra estancia más íntima.

¿Recordarte? Mientras el mar abrace

¿Recordarte? Mientras el mar abrace
con su sonrisa las costas de mi isla.

¿Esperarte? Como el campo espera
la sagrada lluvia de la primavera,
como la muerte espera a la vida.

¿Olvidarte? Cuando la noche pierda
el mundo luminoso de los días
y ya no haya sol en mis esquinas
y la piedra del silencio toque su son
y mi voz olvide su melodía.

Esta noche en mis recuerdos

Esta noche en mis recuerdos
siento tu brazo desnudo
bajo mi cuello
        entibiando
el paseo de mis ojos por el cielo abierto.
En nuestro lecho de arena
el sendero de jilgueros de tus huesos
alienta junto a mi sangre de luceros.
La pandereta del mar está vertiendo
sus arabescos sonoros en las rimas de tus besos.
Las nubes cubren la luna
porque no sienta el deseo de anidarse en tus cabellos
y el viento dispersa el fuego de tu aliento
por las ondas de mis pechos,
por los muslos de la noche en movimiento...

        Agudas hachas de luz
            están podando
        las ramas floridas de mi cuerpo.

Mi árbol estaba caído

Mi árbol estaba caído
caída la copa
       las hojas
y la soledad resignada de sus gajos.
Marchitos sus frutos ya en ocaso
y sus raíces temblorosas de llanto.

Mi árbol estaba recogido
         en silencio
cuando llegó la savia en flor de tu canto
a florecer en su regazo.

Mi árbol
   hoy
tiembla
     reverdecido al dolor
          abierto al viento.

El otoño

Llega el otoño sin la algarabía
fogosa de sus colores,
sin que la brisa humedezca el labio
y sin que el recuerdo encuentre sus viejos sones,
porque no hay mar que copie el oro de las hojas,
ni fronda donde añorar vanas ilusiones,
ni tumultuosa risa de familiares acordes.

Llega el otoño ceñudo, severo, torpe,
ajeno a la voz que puso en sus sendas
aquellas celestes canciones
que rompieron diques,
escalaron montes,

temblaron en labios noveles,
tiñeron de grana el rubor del horizonte,
amaron,
          amaron sin saber que es delito
dejar la alegría irrumpir a borbotones.
Amaron sin saber que es amargo ejercicio
este dar la vida en cada caricia
como da la rosa su néctar de avispa,
como da la vida su aguijón de flores.

Llega el otoño polvoriento
con su raído manto de pálidos cobres,
y el hombre se yergue cual sesgo de ave
se empina y se alegra con sus nuevos oros,
y el mar se lo lleva,
se lo lleva el mar.

El recuerdo esta tarde

El recuerdo esta tarde
es una brisa que va de puntillas
por las rosas.

El recuerdo esta tarde
es un rocío que borda luceros
en las hojas.

El recuerdo esta tarde
es la alegría que borra alborozada
las congojas.

Afterwards

¡Te has ido...
me he quedado
como un nido
de pájaros piando!

Yo también tuve mi mendrugo

Yo también tuve mi mendrugo
de pan y mi alegría
un verano en que junio derramaba
sus trinos por los aires
y una extraña melodía
silbaba en los olivares.
Fue sólo una brisa
de esas suaves que besan
el verde tierno de las hojas
y luego se alejan.
Pero su canto apenas susurrado
sigue surcando las horas
—estas horas presentes
que rezuman pasado—
sigue poniendo alas en mis sueños
de lejano junio renacido,
de verano febril, ilusionado.

Yo también tuve un cielo
inmensamente azul
entre mis manos.

La ilusión

Ilusión, qué alegre vas
con esas sandalias blancas,
esa cintura de brisa,
esa sonrisa de alas.
Ardorosa jovencilla
con tu brazada de rosas
y tu luz recién podada
caminando por la senda,
alegre como las aves,
cantarina como el agua.

Ilusión, novia de blanco,
tu novio no está en la iglesia,
ni en la nube, ni en la hierba,
ni en la luna que se ha puesto
su vestimenta morada.

Tu novio ya no te espera
y en tus sandalias de espuma
ahora se enredan las algas
y en tu risa las gaviotas
ponen una nota lánguida.

Ilusión, qué sola vas
con esas sandalias blancas,
esa cintura sin brisa,
esa sonrisa sin alas.

La canción del árbol

Por falta de un ruiseñor
que en mi copa se posara
que en mis hojas alentara

con nueva o vieja canción,
por falta de un ruiseñor
están marchitas mis ramas.

Y ya no crece la hierba
alrededor de mi falda
ni acaricia la brisa
los verdores de mi cara,
ni las amapolas dicen
su canción enamorada.

Por falta de un ruiseñor
que se me fue una mañana
cuando mi savia dormía
alegremente confiada.
Por falta de un ruiseñor
están marchitas mis ramas.

El amor no es la brisa o la alegría

El amor no es la brisa o la alegría,
el canto de la fuente
o el verde prado.
No es el beso amoroso y la caricia,
no es la voz y presencia del amado.

El amor es tortura, agonía,
arrebato sin fin, sed de la nada,
mordedura de Dios,
infierno helado.

El amor es una muerte atormentada.

La alberca

No tires la piedra al agua
dolor
déjala, déjala quieta,
deja dormirse en la orilla
al silencio de mi alberca
que yo no quiero que vengas,
vieja ilusión, a mis puertas
ni me digas que sus pasos
llenan de flores las sendas
ni que su voz a la brisa
le acaricia la silueta.

No tires la piedra al agua,
dolor,
déjala, déjala...

Qué importa que hayan puesto

Qué importa que hayan puesto
ilusorios azules en el cielo
y esmeraldas en el campo,
que el mar se llene de alas
de gaviotas y de barcos.

Qué importa que los pájaros
asalten al silencio con sus trinos,
que las flores sus silábicos
colores digan al aire,
que el estanque se sonroje,
que la brisa se cuelgue de los árboles.

Qué importa que el poniente
destrence sus oros sobre las montañas,

que la ola lama a la arena
con el nardo de su risa
y se cubran de amatista
las colinas y las playas.

Qué importa que la vida
pase esta tarde por la ventana
alegremente cantando,
si ya no siente la senda
el murmullo de sus pasos.

ISLA-MUERTE

La muerte es una cosa de segundos

La muerte es una cosa de segundos,
un suspiro apenas,
un paso en el vacío,
un grito,
el rápido correr de las cortinas,
un frío agarrotado en las esquinas
silenciosas de los minutos,
un cono de palabra estrangulada
y un involuntario caerse en el abismo.

Invierno

Soñoliento y oscuro
el triste porte de los cielos;
oscuro y soñoliento
el rumor de las aves y los cedros.

Por el paisaje en sombra
jinete del invierno
a grupas de los campos
galopa orgullosa la nieve.

La brisa va silenciando
sus trinos de jilguero
y la llanura sus verdes alegrías.

La noche adelanta
el betún de su paso negro.

Sunset

El poniente está partiendo
sus naranjas de alegría
sobre el mantel de la tarde.
Un gajo cae en la mar,
otro entre los olivares.
El llano, el monte, la brisa
se cubren de naranjales.

Al estentoroso banquete del poniente
acuden coloridos y acuosos manjares:
granadas de ojos sangrientos,
crujientes sandías,
agrios limones,
carnosos melocotones.

El moribundo poniente lo prueba todo,
el verdor de la manzana,
la alegría de la uva,
la vellosa mejilla del durazno,
el colorido pan de la agonía.

Nightmare

La piedra derritiéndose en chorros de ternuras
sobre los pétalos de acero de la rosa,

desnuda la simiente, celosa
de que su fruto sufra el frío del olvido.
Consigo constreñido el surco bajo su peso
de ilesa flor de desteñido azul.
Y abajo, como en la boca de todo,
la oquedad cabalmente cayendo,
despeinándose en rezumantes hilachas soñolientas.

Arlington

Muertos descansando
su pudor helado
     bajo los árboles.
Arlington de blanco y gris
piedra y mármol
en agobiante simetría de silencios enlazados.
  Nieve
  frío apuñalando cantos.
Procesiones de otras voces
     otros gestos
sobre el mismo polvo aprisionando los mismos pasos.

¿Será la muerte una niebla?

¿Será la muerte una niebla,
un algodón suave, mullido,
que nos envuelve y arrulla?

¿Será la muerte una brisa
que nos besa y acaricia,
una canción que nos duerme
en su regazo de madre,
una ilusión que nos canta

su son de apagados sueños,
una pasión que delata
su oscuro origen de rezos?

¿Será la muerte el falso beso
con que nos vende la vida?

After Death

¿Son dos manojos de sueños
que te palpan los costados
o son mis manos hurgando en mis manos?

¿Vengo o vas tú por mí
creándome, creándote;
soy o voy o digo un tremendo «yo»
en los latidos hambrientos de los manteles?

¿Devoro o creo que devoro
y se me llenan los dedos de manjares
y silba en mi vaso un aire,
o es un ruido antiguo de repetidos cristales
que fueron o que soñé que fueron?

¿Conciencia de qué mar, o de qué rosa,
qué inerte luz se pudre en mis venas,
a qué cosa huele el sol de la primavera?

Y yo que dije aquello

Y yo que dije aquello
de la brisa y la fuente
de rincones de dolor y esquinas...

Y yo que dije del canto
de los pájaros, del silencio,
de la palabra y la voz...

Ahora recién estrenada,
como la primavera en el prado,
o la primera nieve de invierno,
volver al titubeo de la alegría pequeña
con que se adornan las cosas...
volver al rejón del dolor
agazapado en las esquinas...

Retornar con la marea a la playa,
con la mañana a las colinas
donde la luz se despierta
e irrumpe en gozosa algarabía
por las cumbres de mi isla,
isla adentro.

Volver a decirlo
para acallar el aguijón de la agonía.

¿Por qué campos de olvido van mis sueños?

¿Por qué campos de olvido van mis sueños?

La brisa acuchillando,
el mar mordiendo adentro,
la cumbre perforando
mi albor, mi albor funesto.

¿Por qué olvidados campos,
estepas del desierto,
van desfilando lentamente
las alas prisioneras de mis sueños?

Que no debo quejarme

Que no debo quejarme
que tú, allá en mi día,
me ofreciste de la fuente el beso,
del azul su algarabía
y prendiste alas en mis sueños.

No debo quejarme que a su tiempo
tú supiste henchir de brisa mi nave,
empujar mi vela en el viento
y mi quilla ahondar en los mares.

No, no debo quejarme que he tenido
de todo: isla adentro, rumor
de ave, retama en flor, plegarias,
y tu voz no ha faltado al tembloroso
concierto de mi palabra,
ni tu ardor ha faltado
cuando mi sangre se helaba.

No, no debo quejarme, Dios de silencio,
que sigues mis pasos,
que abrigas lejanamente mis mañanas
y que sé, de cierto, que allí estarás
a las postrimerías de mi alborada
cuando ya no sepa decir mi nombre
y se borre mi voz entre la nada.

DIARIO DE UNA MUERTE

... los hombres vivimos juntos, pero cada uno se muere solo y la muerte es la suprema soledad.

MIGUEL DE UNAMUNO

A mi madre y hermana.

OTOÑO

Do not go gentle into that good night.
Rage, rage against the dying of the light.

(DYLAN THOMAS)

I

Día a día te me vas escapando
como un agua entre los dedos.
Día a día se cubren de noche
el verde de los valles y los cerros.

Gota a gota te vas, amigo,
hermano, padre, maestro,
sin que el caudal de mi palabra
taponar pueda tu lamento.

Paso a paso describes la curva,
la inmensa curva del silencio.
Paso a paso como el mar.
Paso a paso como el viento.

Hilo a hilo estás tejiendo
tu sudario de misterio
sin que yo pueda ayudarte
a pesar de ser carne de tus sueños,
a pesar de ser sangre de tu sangre,
a pesar de mi voz de isla adentro.

II

Cuando el dolor aprieta
su garra en nuestras sienes
y un frío de navaja
nos saja la alegría.

Cuando la muerte ronda
cariño que fue nuestro,
cuerpo, voz, gesto, alma
que nos dio el aliento que respiramos.

Cuando la esperanza se ciñe de silencio
Dios yace, con sordo descaro,
o dormido o muerto.

III

¡Vida que pierde mi vida.
Sangre que pierde mi sangre.
Cuchilla que me clava el viento
en todas las esquinas!

IV

Yo digo que es el otoño
con sus hojas maduras de estío
y sus dorados racimos
el que pone esta nota triste
sobre tus hombros dolidos.
Que cuando guardas silencio
y el cuarto se llena de fríos rumores
tú sabes que hay primavera

y más allá de las flores
muchos veranos e inviernos.

Yo digo (y me aferro, y me abrazo,
y me afirmo a esta esperanza de aire
que te sostiene cautivo,
aunque sé que te vas ligero
por misteriosos caminos),
yo digo que es el otoño,
el otoño que se prende en la solapa
tu sonrisa de otros tiempos,
aquel gesto tuyo
y el alborozado azul de tus pupilas
cuando apenas era yo el sueño
de tu sangre joven,
cuando apenas en tu carne en vilo
átomos de mi futuro ser
se erguían como amorosa daga
de pujante primavera verdecida.

Yo digo que es el otoño
porque me niego a creer que un invierno
despiadado y crudo ronde tu cuerpo
y quiera deshojarme
del árbol de tu ternura,
dejarme huérfana
de la palabra que tú creaste
y que, hoy, me guía.

Yo digo que es el otoño
el que ha enturbiado tu sonrisa,
pero habrá nuevas primaveras
en que yo vuelva a llamarte
y tú me respondas: Hija.

V

Cuando espero a que el cobalto te anime
y cuento los minutos que te ausentas
rimando extrañas palabras, creando
frases muertas, leyendo manoseadas
revistas, oyendo este corazón
que, como un reloj, mi vida alienta.

Cuando la voz se me quiebra
como el rocío en la brisa
y finjo un golpe de tos;
tú me miras y no me ves,
sólo me ves la sonrisa
y las palabras triviales
que digo sin saber cómo.

Y tú sabes que escribo
porque la voz se me aferra
dolorosamente a la garganta
ahogándome el aliento
que un día me diste para que fuera
barro, dolorosa ansia, alegría,
y que hoy trocar quisiera
por ese leve murmullo de vida
que te susurra en la sangre.

Pero no, no quiero que tú, ni ellas, sepan
que el roble que os sostiene
es una pobre encina vieja.

VI

Aquella voz que antiguamente era
sonido de mi infancia en una isla.

Aquella voz que a mi palabra diera
su dulzura más tierna y más sencilla.

Aquella voz que a leer me enseñara
abriéndome un mundo de maravillas.
Aquella voz que mi canto animara
en las primeras sombras de ser niña.

Aquella voz ¿quién osa silenciarla?
¿quién con garra de nieve la aniquila?
¿qué ronco río su susurro sofoca?

¿qué suavidad de sombra la somete
a un pozo de silentes calofríos?,
¿qué dios injustamente la derrota?

VII

Yo he visto que te escapabas
otoñal en el estío,
pero me negué a creerlo
y rasgué los vientos
con mi furor de enardecida espera.
Me erguí cegando a la muerte
como una cuchilla de sombría rabia,
de guerra, de enloquecida lluvia;
a la muerte que se anidaba en tu rostro
de dorada mansedumbre.
Y la vencí cuando tus venas se abrieron
pesadas y soñolientas recogiendo
aquel hilo de sangre que yo te daba.
Y la vencí cuando en tu cara marchita
surcos de vida fueron surgiendo.

VIII

Muerte, tú, la injusta, la engañadora,
la que nos va minando lentamente
sin que sepamos cuándo o a qué hora
trastocarás futuros en presentes.

Muerte, tú, la horrenda constructora
de ilusos paraísos permanentes
y de justas llamas castigadoras,
la siempre acompañada, la silente.

Te estoy viendo llegar ya disfrazada
bajo el murmullo sombrío con que andas
por sus venas dolidas y su cara.

Te estoy viendo llegar a tu venganza
mas no me vences, no, porque me afianzo
en mis firmes tenazas de esperanza.

IX

Me apesadumbra el brío
con que el otoño se dora:
amarillos pálidos y oros
rechinantes rojeces destructoras.

Me apesadumbra la alegría
con que relinchan los árboles
y este jolgorio de espuma
que tejen en la brisa los pájaros.

Me apesadumbra ver toda esta orgía
de vida que se afirma y se acalora
mientras su frío cuerpo se desteje
de este inmenso tumulto de las horas.

Me apesadumbra sentir mis pulmones
ávidamente mordiendo la brisa,
hinchados de aire, egoístas,
ajenos al dolor de otros pulmones.

X

Estoy aquí, a tu lado, tu mano ardiente
en mi mano fría,
tu demacrada faz escociéndome en las pupilas.

Lucho contigo
dando zarpazos de esperanza en el vacío,
desgarrando el silencio de Dios,
mordiéndole a la muerte sus dominios.

No estás solo, no.
No, mientras tu aliento sea el mío.
Me yergo desde mi dolor
a dentelladas, a golpes,
contra todo silencio,
contra toda calma suicida.

No hay súplica en mis labios
pero hay fuego, desesperada porfía,
caliente desazón, palabras
que son dagas de ácidas cuchillas
que embisten ciegamente a la muerte.
No, mi sangre no se resigna a perderte
aunque el otoño moribundo anuncie tu partida.

XI

¡Despierta Dios!
despierta que tienes que escuchar mis alaridos.

No, no puedes hacerte el sordo
ni puedes fingir que estás dormido.

Se muere, Señor,
y quiero que tú me seas testigo
de tanta absurda lucha,
tanto arañar en vano tus misteriosos caminos.

Quiero que tú me lo acompañes
ya que me vedas el paso de tus dominios.

Yo quisiera acunarlo en mis brazos dolidos,
pero tú no entiendes de maternales instintos.

Cuida, Señor, que no se moje,
que no se sienta solo.
No sé si sabes que él siempre necesitó de nosotros.

No sé qué podrás darle tú,
pero en mi desesperación,
como cuando era niña,
a ti desoladamente acudo.

INVIERNO

Yo quiero ser, llorando, el hortelano
de la tierra que ocupas y estercolas
compañero del alma, tan temprano.

(MIGUEL HERNÁNDEZ)

I

Yo te vi librando con la muerte
toda una noche la sin igual batalla
yo, junto a tu cama,
sin poderte ayudar te contemplaba.

Yo: tu sueño joven.
Yo: tu esperanza.
Yo no te pude hacer nada.

La muerte fue venciendo
tus mejillas cansadas,
tus claras pupilas azules,
tus vellosas manos adoradas,
tu corazón que como asustada paloma
bajo mi mano se agitaba.

Todo lo fue inmovilizando la muerte
y con el plomo de la aurora
el árbol de mi ternura para siempre
sumisamente se desgajaba.

II

Mis débiles hombros de mujer
hubieran querido ser montañas
para llevar a cuestas aquel silencio
con que llenabas la caja.

Ser gigante o poderoso atlas
donde tu cuerpo frío descansara
y escalar aquella cuesta de agonía
con todo tu dolor sobre mis espaldas.

Hubiera querido ignorarlo todo
y gritar a manotazos de esquelas
el silencio con que me ahogaban.

Pero callé y dejé que te llevaran
aquellos hombrecillos vacilantes.
Y te seguí absorta hasta la cumbre
donde entre mosquitos, flores podridas
y lejanos rumores de brisa,
junto a tu mar canaria,
el brío de mi esperanza destrozaban.

III

Tu amorosa entrega se diluye
en el bronce y el cemento
de la caja donde duermes
el inacabable sueño.

Toda tu voz, tu ternura,
tu paternal cuidado y dulzura
se anclan a un hondo silencio.

Ni la brisa de tu mar canario
ni este quisquilloso sol de invierno
ni el fluir de mi palabra,
pueden remover tanto pétreo tiempo
donde te han encerrado,
amigo, padre, maestro.

¡Dios, qué solos se quedan los muertos!

IV

¿A qué ignota esfera va este canto
cuyo sombrío timbre no alcanzo,
ni quiero, ni puedo, comprender?

Estos crespones solemnes y estos llantos
que invaden de agonía el viejo templo
¿a qué extraña mar van a parar?

Padre, amigo, maestro, ¿ves este esfuerzo,
este agobiante y oscuro silencio
que quiere contigo dialogar?

Y si me ves y me escuchas y me sientes
¿por qué te escondes indiferente?,
¿por qué me dejas sola bogar?

¿Acaso quisieras embarcar conmigo,
dirigir mi barca en la oscuridad,
pero un dios tirano, un horrendo búho,
te tiene ya esclavo de su voluntad,
te tiene pendiente de su oscuro gesto,
de su caprichoso aliento letal?

V

Extraña estoy, extraña
ausente de mí misma, anonadada
en lo que un día, ya lejano,
fuera la familiar estancia.

Aquí junto a la mesa
la forma viva, en movimiento,
de tu cuerpo reposaba;
leías el periódico, fumabas
distraídamente y yo veía
subir tu aliento en azules
anillos que se desmadejaban.

Muchas veces nos asomábamos
a la ventana para ver
cómo el mar risueño jugaba
a hacer blancos festones
en las faldas de la isla.
Charlábamos de tus proyectos
que en mí se realizaban,
y yo te sentía sencillamente orgulloso.
Tu sano orgullo de padre me alentaba.

Hoy, al dejar tu cuerpo
en el nicho final de la esperanza
vuelvo a la casa a buscarte,
abro puertas, invado balcones,
exprimo el recuerdo,
me yergo retadora.
Un vacío de muerte me atenaza.

VI

Muerte, ahora que él te ha probado
ya no te tengo ningún miedo

puedes venir por cualquier lado
con tu mensaje verdadero.

Puedes venir a oscuras y a escondidas
ya vestida de harapos, ya enjoyada.
Puedes venir despierta o dormida
yo estaré siempre alerta y levantada.

Roble o encina, sosegada,
mi paso por la vida ya comprendo:
supremo albor hacia la nada.

Ser empinada vida hacia el no siendo,
oscura luz armonizada
por una oscura orquesta de silencios.

VII

¿En qué amapola, rosa o clavel
puedo encontrarte?

¿Qué gota de mar absorbió
la claridad de tus pupilas?

¿Qué viento silenció la voz
de tu garganta?

¿Qué dios blandió sobre tu cuerpo
la injusta espada?

VIII

Muerte, he de confesarte mi derrota.
En la empeñada lucha tú ganabas

cada hora aunque yo, ciega, te atacara
a golpes de ternura y esperanza.

Aunque yo, sorda y muda, creyera
en futuras primaveras y auroras;
tú, muerte, el sudario de tu aliento
lo ibas engarzando a sus pobres horas.

Me venciste, lo sé, he de aceptarlo.
Contra ti, al final, yo nada pude,
pero pude cuando aún había vida
hincar en la brisa mis dentelladas
sonoras, desgarrar rabiosamente
al silencio y a golpes de esperanza
borrarte, fugazmente, de su cara.

IX

(1)
Cuando la presencia llenaba el espacio
de sonrisa, voz, gesto y tibia ternura;
cuando el cálido volumen de tu cuerpo
desplazaba dulcemente a la brisa
y tu varonil hechura se afirmaba;
yo, desde mi rincón de suaves infancias,
te creía tierno roble, la atalaya
que escalaba mi infantil esperanza,
roca donde se asentaban mis pisadas.

(2)
Por ti ayudada la cumbre iba subiendo,
mis pupilas ávidamente bebiendo
cuanto tu serena mano señalaba.
Tu juventud lejanamente renacía
en mi sangre tuya, en la ardiente sangre

que enramaba el árbol de mi cuerpo joven.
La atalaya, el roble, la roca de la infancia
se hacían en mí, noble encina
donde tu otoñal cuidado descansaba.

(3)
Un diciembre absurdo taló el tronco y copa
de aquel recio roble. Se hundió la atalaya,
la roca perdió su adorado nombre
y un sueño de infancia lo despertaron,
injustamente, de un solo golpe.

X

Este año el invierno comienza
un catorce de diciembre, sábado,
por la mañana temprano.

El cielo está extrañamente azul
y la brisa fresca e ilusionada.

Por la autopista, junto la casa,
un hilo de coches se adelanta
buscando exóticas esperanzas
de «weekends» en cercanas montañas
o «wild parties» en lejanas playas.

Cada uno lleva a cuestas ligeramente,
o como una carga de auroras desplomadas,
el justo asueto del fin de semana.

Cada cual llora o canta, según le toque,
cada cual desempeña como puede
su duro oficio de saberse hombre.
Y otros, ya indiferentes, han destejido

o están penosamente destejiendo,
la madeja de sus tiernas ilusiones.

XI

Los pájaros cruzan el aire.
Un pino se estremece verdemente
en la soleada tarde.
El césped balancea su gozoso barro.

¿Dónde su voz, su gesto?
¿Dónde su sereno encanto?

¿Dónde y adónde este llanto?

XII

Corceles de lluvia
aguijonean el silencio
en que tu voz se desploma
amigo, padre, maestro.

A grupas de un llanto seco
hincada la espuela en el lamento,
la brisa tersa, el torso erguido,
voy sin mí, contigo,
galopando tras tu vivo gesto
inútilmente porfiando
con lo que ya borró el viento.

XIII

Yo confiaba que la primavera...
cuando el otoño llovía aterido
sus sangrientas hojas
sobre el suelo sombrío
pero la primavera no llega,
marzo está en la esquina del olvido
abril lejano y solo
en algún prematuro retoño
que abotona la brisa con su brío.

El invierno saja a cuchilladas
de ardientes recuerdos
todo un otoño de ilusorio anhelo,
otoño que rodó por el suelo
un diciembre catorce como un río,
un diciembre a las nueve menos cinco.

Yo confiaba que la primavera
le rompería a la muerte sus crespones
de dominio
y una algazara de brisas
invadiría la soledad de la casa
aleteándola de pájaros y de risas de niños...

XIV

Tras la ventana de mi oficina
la noche verde y mojada
agiganta su tembloroso paso,
devorando el ramaje del pino,
los charcos de agua enlodada,
los esponjosos colchones de los pájaros
que duermen sobre las ramas.

Tras la ventana, la noche
de un cualquier día catorce
penosamente avanza
hacia las nueve de la mañana
en que la muerte no quiso
tomarse su merecido asueto
del fin de semana.

XV

Cesará mi lamento y mi porfía
la lágrima escondida
y el tono elegíaco de mi verso
si yo supiera amigo, maestro,
padre,
      que estás —en donde estés— contento,
que la desolación que nos aferra
y se hinca como daga en el pecho
no es tuya, sino nuestra,
que tú has encontrado tu consuelo,
tu lugar destinado en el silencio
y que desde allí nos ves, sereno.

¿Pero cómo desgarrar el misterio?
Saber a dónde fuiste tan ligero
indiferente a los llantos y ruegos
de los que fuimos tuyos
como el aire y la tierra
que te dio el sustento.

Cesará mi porfía y mi lamento
si yo saber pudiera
de qué extrañas ternuras
está hecho tu silencio.

PRIMAVERA

And you would accept the seasons of your
heart, even as you have always accepted the
seasons that pass over the fields. And you would watch
with serenity through the winters of your grief.

(KAHLIL GIBRÁN)

I

Abril ya se despunta
en marzo por las hojas;
ya viene prematuro
borrando las congojas
de otoños que cayeron.

Abril de un año nuevo,
iluso, perfumado,
retama por el monte,
alfalfa por el prado,
de gala el horizonte.

Abril va despertando
lo rosa, oro y pardo,
lo muerto de los campos.
Riendo primaveras
abril viene pasando.

Abril que ya no ven
sus ojos azulados;
abril que ya no sienten
sus adoradas manos;
abril que no respiran

sus ávidos pulmones;
abril sin ilusiones
en un nicho cerrado.

II

Con la muerte a cada instante
la primavera ya saja
de la higuera hojas,
de la cumbre la retama
y de la plaza de España
las rosas alborozadas.

Alrededor de su nicho,
allí en la tierra canaria,
la ortiga, el cardo, la malva,
dicen su humilde plegaria
a un mar azul que ya tiñe
de blanca espuma las playas.

Con la muerte a cada instante
la primavera azorada
para unos trae hojas
tiernas como la mañana;
para otros el recuerdo
de un «se fue» sin esperanzas.

III

Todos sabemos que marzo se viste
con colores prestados:
de la amapola el rojo,
del sol la algarabía,

de la tierra el verde,
del horizonte el mar
en que navegan sus pupilas.

Y cuando se pasea
por el prado, moteado de rojo,
verdeamarillo de espiga
o ligeramente azul,
sentimos vibrar la alegría
y marzo se agiganta de sonrisas
como si en todos los campos
irrumpieran gozosas margaritas.

Todos sabemos que es mentira
el color de marzo y su algarabía,
pero qué importa si la ilusión
ya vibra en todas las esquinas
y se apresura y desboca
repartiendo su fugaz don
como un dios juguetón
a quien le divierte la vida.

IV

Abril tiene su muerte
oculta en el follaje
que ufano se acalora
de verde por el prado,
de blanco por las horas
y azul en el olvido.

Abril está sumido
en hondas conjeturas
de verdes, blancos y oros
—cromáticos tesoros—
de un ilusorio día.

Abril —necia porfía—
se empeña en deslumbrar
al ojo más incrédulo
con su rito de sangre
que procrea y se ensancha.

Abril: una avalancha
de Dios que se divierte
alegre e inconsciente
repartiendo esperanzas.

V

La voz se me queda de pronto
vacilante, a media palabra,
congelada en las sombras
de la primavera temprana.

Y ya no taladra el silencio
en busca de alguna esperanza
ni se yergue retando al verso
con su blanca cintura de alba.

Se retira sola, callada,
a su aposento. Mi morada
se cierra quedamente mientras
el recuerdo me embiste
con su rojo toro de muerte.

VI

Que olvida uno y el vacío se llena
de un gesto nuevo o un decir liviano

como se llenaría el cuenco de la mano
con un agua de mar o de esperanza.

Que no hay dolor que dure siempre
con su avisado aguijón de escalofrío
ni lágrima por fuerte o fiel que seque
con su continuo rumor el manantial tibio.

Que la risa vuelve y la voz y la ilusión
y luego en un momento, súbitamente,
un día catorce cualquiera, o un domingo,
que el recuerdo indómito ante un nicho
un nombre y unas fechas, se yerga
desesperadamente derrotado
y en el cuenco de las manos
esperando un nuevo gesto esté el vacío...

VII

Desde la tumba reclamas
en este día de abril
tu porción de ternura.
Me lo dice la mar, tu mar
canaria y la retama en la cumbre
y las rosas y la malva.
Es imposible que estés sin esperanza,
quieto, inmóvil, más allá del amor.
Es imposible que no sientas tu sangre
en mí alborozada, henchida de luz,
alocada como una brisa, ilusionada.

Es imposible que las hijas
y la mujer que compartieron tu alegría,
el sudor de tu cuerpo, tu desazón,
y tu júbilo dolorido;

es imposible que no los sientas
hoy, en este día de abril,
penetrar tu nicho
buscándote a ti, al padre,
al esposo, al maestro, al amigo.

Es imposible que en la tumba
la primavera no tenga nido.

VIII

Para Mayo turgente de primavera
florecido y sabio
mes de la alegría y el retozo,
de la luz y el campo.

Para Mayo no hay marchitos prados
ni desnudos árboles.

Todo es vestidura, todo tiene amparo
desde el vil gusano
al dolor callado que nos roe
el pobre descanso.

En Mayo la primavera crece
hollando los cardos
de inviernos que fueron cuchillos de frío.

Mayo es el olvido
de otoños certeros.
Mayo no sabe de eneros de dolor
ni de anchos ríos.

IX

Es natural que la primavera
escale horizontes,
se ría blanca en la espuma de la mar,
brote amarilla en la retama,
enrojecida de pasión en la rosa,
retozona y tierna en las caras
de los chiquillos que juegan,
apasionada en los besos,
ardiente en la fusión de las almas.

Es natural que incremente el cauce
de este río de la sangre;
que esta avalancha de vida,
de afán, de esperanza,
se desboque en un canto de júbilo.

Todo es natural cuando es la vida
pero cuando es un nicho cerrado,
gesto de ausencia, dagas de recuerdos,
pasos que no son, pero que fueron,
voz que ya no es,
muerte, muerte, muerte,
la primavera pierde todo el fragor
de su ilusoria mañana de ponientes.

X

El tiempo puede espaciar
el aguijón de la ausencia,
pero no puede jamás
darnos el completo olvido.

El recuerdo tiene otoños,
callados inviernos,
tiempo de mudez y frío.

Pero vuelve en primavera
y se crece con veranos
de redoblado dolor.

El tiempo no borra nada,
ni siquiera la ilusión.
Siempre surgen primaveras
que rebrotan lo dormido.

XI

Aquí, en este lado, el de la vida,
los hombres se violentan y rugen
sus consignas al problema social,
racial, moral, al mal y al bien.

Otros se van a cortejar la luna.

Un caos de vida me circunda,
y me lleva y me zarandea,
y me hace sentirme ajena
a la tumba.
Tú solo, en tu silencio
de retrato paciente, me recuerdas
que todo es muerte,
espera agazapada de las horas,
consigna final, definitiva y única.

XII

Hay quien pone el dolor
en dos cuencos de abundancia
que rebosan.

Y hay quien como yo pone
el dolor en las palabras
silenciosas.

Hay quien cree como yo que
en el nicho del dolor
no hay primaveras;
sólo un nombre y unas fechas
que el viento y la lluvia borran
cada otoño,
letra a letra.

VERANO

Sorrow brings its own chill.
Seasons do not warm it.

(EMILY DICKINSON)

I

El verano te ofreció su copa de falso
sol —el último estío que bebías—
y yo te vi embriagarte con su mosto
en la llamarada azul de tus pupilas.

Era un junio como este de hoy, reluciente,
tibio y nuevo para tu cuerpo sosegado.
Un prado de ilusorio solaz te brindó
la muerte que empezaba a rondar tus esquinas
con la tentación de su crecido deseo.

Hoy el verano me otorga su sol
—también falso, también ilusorio, cruel—
y lo veo brillar sobre el blanco granito
y la negrura de las letras de tu nicho
donde han puesto tu nombre y unas fechas
junto a otros nombres y fechas silenciosas
en el cementerio de una isla.

Maestro, estás en la absurda compañía
de la muerte, sin posible explicación,
absurdamente como está el sol
de junio en mi piel y en mis pupilas.

Ya no vale rogar como de niña,
tú ya no puedes explicarme este silencio,
ni la voluntad de Dios —como me decías—.
El nicho, amigo, es dolor a manos llenas,
es sentir el frío de una cadena
que estrangula la risa en nuestros labios
y nos cercena la voz y la alegría.

II

El dolor tiene un frío
que no entibian las estaciones
ni el tiempo aliviar puede
con su inyección de olvido
y su algodón torpe.

La herida del dolor
no tiene cirujano
que opere o cicatrice
sus filos de amapolas.

La herida del dolor
es una rosa
de fuego,
el cercenado vuelo
de un ave azul, alicortada,
la nada de una esperanza sin pendones.

III

El cuidado diario crece a mi alrededor,
oigo los gritos, la pujanza de vida,
de dolor o de odios.

Siento también reverberar la alegría
en su olla escasa y diminuta.

Tu ausencia no cambia
la brisa que ondea en mi piel,
ni el plato en la mesa,
ni el olor especial de la cocina.
Hay que lavar, planchar,
seguir viviendo la vida
y a veces me olvido de tu sonrisa
y el tono de tu voz
y aquel azul claro de tus ojos,
bebo del cuenco azul de la risa
y me inundo de ilusión...
pero la pantera del dolor siempre vuelve
con su garra de recuerdos mordientes.

IV

En julio comenzó nuestro dolor,
en julio,
cuando el verano prometía su sol
de playas azules como olas
y la faz de la alegría brillaba
completa y renovada.

La brisa tenía ese sabor salado
de la mar y la gentil frescura
de las últimas horas de la tarde
cuando el sol, anciano con bastón y capa,
caminaba entre los árboles.

Era un julio como el que hoy estrena
su tupida picazón de luz
sobre mi piel y mi retina.

Era el mes de la ilusión.
Era el justo mes de la alegría.

Hoy julio tiene un nicho más,
un cuerpo más que desconoce
el cosquilleo del sol
y el sabor a mar de la agonía.

V

En este mes la isla da sus rosas
más suaves, más fragantes y más finas.
Todo el terciopelo de los sueños
se agolpa en la tersura de sus pétalos.

Hay rosas inflamadas de pasión o de muerte,
otras de mística pureza o de dulzura,
las hay ilusionadas con leves sonrojos,
las hay amarillas como la nada.

Ellas son las que esbozan con colores
los recónditos matices de la ternura.
Ellas son las que, mudas, acompañan
al que sumiso yace entre cemento y bronce.

VI

La silla en que descansó tantas veces tu cuerpo,
la mesa donde comías o te reclinabas
pensativo alguna vez, alguna vez risueño,
la máquina que tecleaba el tacto
silábico de tus dedos,
                    el cenicero

donde hilaba el cigarrillo
sus azules espirales de brisa,
todo este mundo de tangible ternura,
este mundo en que las cosas por tu presencia
se animaban cobrando el impulso de lo vivo,
la mansedumbre de la callada dulzura,
o la redondez jubilosa de la risa,
la palabra en vuelo y la voz;
todo este mundo que por ti creció
y que compartiste a raudales con nosotras;
este mundo es hoy un caos de absurdas cosas
que gritan extraños signos incomprensibles
o guiñan, vacías, sus fláccidas superficies.
Otra ternura, voz, o afán no logra
llenar tu mesa, tu silla, tu cenicero,
tu máquina, tus ropas o tu toalla.
Todas esas pequeñas cosas de la vida
en las que uno deja su personal sabor,
olor, hechura,
todas esas pequeñas cosas siguen impávidas
el asombro de una brisa que entra y sale
desconcertada por la silenciosa casa.

VII

Si se midieran todas las dificultades
contra la cinta métrica de la muerte,
no habría dilema, problema o peor suerte
que lograra rebasar medida tan clara.

VIII

Abarrotada de muerte está la casa,
con gritos de muerte las habitaciones,

el vacío en la silla, el gesto informe
y escalofríos de sol en los rincones.

En las alfombras: trozos de cielo azul.
En la nevera: la sopa a medio hacer.
Y medicinas alineadas como
pelotones de ejecución en los bordes
de la impávida mesilla de noche.

IX

En agosto fue cuando la muerte
anunció su inesperada visita.
El verano llegaba a su cumbre
de calor y de agonía.
Septiembre a la puerta estaba
confusamente otoñal. Llovía
en las retinas y pequeños riachuelos
surcaban las mejillas.

El otoño despedía hoja a hoja
la alegría de primaveras pasadas
y se preparaba desnudo a recibir
del invierno todo el dolor.
Árbol, campo, flor, vencidos,
ateridos, ofrendaban resignados
su desnudez y con humildad
se ceñían el cilicio de las horas.

Llovía a raudales sol
y era diciembre.
                La muerte entró
silenciosa.
            Por la ventana, azul
el cielo moría.

X

Esta es la vida:
este tictac de reloj
en nuestro pecho
y un anhelar a la deriva.

Pequeños sueños que nacen
al calor de nuestro aliento
y cuchilladas de dolor
que nos van hundiendo.

Un tictac que se acelera
al jubiloso contacto de otro cuerpo
o un ritmo sosegado que se ensancha
al tibior de la ternura de un momento.

La vida fluye en el misterio
de un inmenso reloj dentro del pecho;
reloj que se para un día cualquiera
sin testamento de amor.

Reloj que al pararse
congela todos los gestos
e inflama al dolor
con su yerta escarcha de silencios.

CONFIGURADO TIEMPO

A mis tíos Guillermo y Elia,
desde la infancia.

TIEMPO-RECUERDO

Retorno

Toca. Palpa. Penetra
más allá del tacto de tus dedos
y de tus ojos.
Debajo está la entraña
de tu primera sed de mar
y tu primer afán de isla en punta.
Aquí sigue sin cambios
la evidencia inflamada de tu ímpetu
y es aquí donde debes buscarla;
en el guijarro, en la lava, en la piedra,
en la desafiante desnudez de los acantilados.

Esta hechura de brisa de tu falda
y este brinco de sangre de tus muslos
está en lo duro y blando del paisaje.
Basta, por tanto, con que toques de nuevo todo esto:
desde la piedra sobria
a la verdura jugosa;
desde el mar generoso
a la arena seca.

Vete poniendo tu hechura de voz
sobre esta jubilosa evidencia

que te corre por dentro
y te hace volcarte
como un apretado arco sobre el horizonte.

Urge que vuelvas a tu origen,
que te remontes a la entrañable luz del comienzo.

Entrada

Vuelves a ser joven
y a estrenar una ramazón de luz
sobre los hombros,
luz que se te hace
surcos paralelos en los pechos
y baja poderosa de esplendor
a anidarse entre tus muslos
donde aprietas delicadamente a la aurora,
al ser futuro que ya te espera.

Esta luz vuelve a ser tuya
y la sientes en la yema de los dedos,
en la raíz del pelo, en los dientes,
en las uñas, en la palabra
que rompe sus moldes
y se ensancha como la mar,
esta mar de isla que te dio vida,
la sal de un bautizo
repetido hoy sobre tus labios,
tu cintura, tus caderas,
sal azul que te quema los ojos
y te deja la piel gozosamente áspera de luz.

Vuelves a ser, vuelves a tocar el misterio
y se te llena de palabras la sangre
y te sientes laberinto de isla

en la caracola de luz
que te baila entre los senos.

Mirada

Basta con tender la mirada hacia el mar,
erguir la cabeza
y apretar el pie sobre la lava.
Así será el comienzo
luego todo lo demás se irá jubilosamente añadiendo:
      el aire fino de cumbre,
      la inquieta verdura de las pimenteras
      y el salto impaciente de los senos.

Serás de nuevo dueña del tiempo
palpando la virginidad de tus primeros pasos
cuando el afán de luz
te crecía como un racimo de palabras
y una a una ibas desgajando las uvas de tanta dicha
que se te quedaban un momento entre los labios
para luego bajar estallándote frescura por dentro.

En este ahora de entonces
te vuelves a encontrar
y te tocas renovada, revivida,
como si en tu cuerpo otros arados
no hubieran dejado huellas profundas
y aún fueras gloriosa tierra virgen
esperando la semilla redentora,
la luz que ya sabías tuya,
tuya para modelar el cuerpo incierto de la voz,
para ponerle hechura de palabra,
para ser un día la dueña de tu temblor más íntimo
porque ya el verso se te trenzaba
y se te hacía repiqueteo redondo de campana.

Ya estás en ese entonces de ahora
abierta de nuevo
con ansiedad de surco.

Reverdecida

Pisar con pie entero a sabiendas
de que se pisa con el alma en vilo
y la emoción reverdecida.

Pisar antiguas sendas,
sendas que nos supieron niñas, adolescentes,
mujeres cabales con la alegría
enracimada en los pechos,
dispuestas a la vida.

Tocar con tacto renovado
palmeras, retamas de un teide nuevo,
plataneras que faldean de verde la isla
y sentir cuando se palpa
que la sangre salta desbocada
y en el vientre galopan corceles de apretado trote.

Decir cualquier palabra: madre, abril, lava,
y gustar entre los dientes, la lengua, el paladar,
la redondez sonora de la palabra recién nacida
en la garganta, hecha voz en la lengua
como un capullo que ya es flor,
que se ha abierto al dolor
y es gloriosa alegría.

La vena no es vena
si uno no tiene un paisaje
que le diga que es sangre de mar,
de montaña, de cumbre, de isla

y sentir que al decirlo se va tanteando
por dentro todo un chorro de luz
que estaba semidormido esperando
a que un paisaje abriera
un cauce sonoro para la palabra,
un resquicio por donde fluyera con ímpetu
la dicha de saberse ladera de lava viva,
volcán,
plegaria en punta,
porosa carne de piedra,
leve zahorra que espera el agua
para ser tierra fértil,
para volver a ser.

Continuidad

Sigue siendo retama verdeamarilla,
vertical de palmera que se abraza a sí misma
y hoja de nisperero rugosa y reversible.

Aquí está como siempre
en la flora que cabalga airosa
por las faldas de piedra de la isla
siendo racimo oculto bajo la fronda humilde
a ras de tierra de la parra
o platanera anchurosa de mar a cumbre.

Está aquí
pero tú habías perdido
la pulsación del paisaje
que enracimara de luz
el primer latido de tu sangre joven.

Pero hoy vibra de nuevo en tu piel
filtrando una rara luz de piedra apretada

que te ofusca los senos
y descompasa tu pulso
y abre una brecha sonora
en el silencio de tus muslos
y late
y vibra
y pulsa
porque es retama, parra, palmera,
hibisco florido,
plegaria de piedra
subiendo por tu cuerpo recobrado
haciéndote paisaje de cima.

Anticipación de la holgura

Anticipas la holgura de la casa.
Sobrarán ventanas, paredes, muebles
y no sabrás darle a cada cosa su justo sitio
dentro de la ternura del tacto,
de la forma de un sentarse,
de cómo puede envolverse todo el cariño
en una simple mirada.

Mesas, platos, toallas, espejos,
todo tiene su puesto inescapable
porque un gesto preciso y diferente
les ha ido dando su pátina,
su costumbre de casa llena, plena,
rumorosamente habitada.

Anticipas la holgura de la casa
y tu silueta delgada para tanto espacio sin llenar
porque no se llena una ausencia con palabras
ni siquiera se llena con recuerdos.
Las puertas tienen sus huecos precisos,

sus volúmenes inquebrantables para cada cosa
o para cada paso.
No se duplica en el suelo el tamaño
el peso ni la hechura de un pie
y el tuyo apenas si tiene firmeza para entrar
en tanta holgura.

La estrechez asfixia, hiere,
pero la anchura mata sin morir,
asesina atravesando agujas que no se ven
pero que se las siente en la garganta
o en esa confusión agarrotada entre los senos
o en ese temblor apenas perceptible de lo que es,
sin serlo del todo, lágrima.

Pero cabe volver el tiempo al revés
como se vuelve al revés un guante
y ponérselo así para que abrigue a su manera
la frialdad de las manos
y quizá crezcan palomas blandas
que entibien el desamparo de tanta holgura
y se vayan poblando lentamente los espacios:
el comedor que sea risa,
la algarabía de la llegada.

En la cocina que esté a punto de ser
el santo parto de la comida
y ya sus rumores galopen por la casa.
En el balcón que la charla se remanse
porque a lo lejos la mar escucha
y las estrellas son testigos de las palabras
limpias, sonoramente nobles,
bellas como la amistad,
augustas como la esperanza.

Que estéis todos.
Que no falte nadie.

Que la casa se apriete sobre sí misma
llena y poderosamente intacta.

Santa Lastenia

Has venido a hablarle,
a dejar suelta en el aire la palabra
que la llevabas escueta
como piel seca o hueso duro
por donde ya no corría vida alguna.

Este diálogo es vuestro
porque es verano otra vez
y ya has llegado a enracimarte los brazos
y a salpicar el aire de risa.

Todo es vuestro de nuevo:
son vuestras la pizarra, las lecciones de historia,
y el paseo palmo a palmo por la vida.

Él te lo enseñó,
no es nada tuyo,
nada que tú hubieras inventado.
Al darte la sangre te dio más
que ese cuerpo con que te palpas
viva
al lado de su nicho
como si fueras un caracol
que tímidamente se asomara a la luz.
Por eso vienes a dialogar
sabiéndote tiernamente capaz
aunque a veces se te atragante el manjar de la alegría
y no sepas masticar bien el dolor
para que no se note su paso por la sangre
y se diluya tan fino

como ese polvo que hace encaje con el rayo de luz
que cae sobre el nicho
y te moja los pies de un tibior suave.

Tú sabes lo que has venido a decirle
aunque la palabra no lleve la hechura exacta
que te corre por dentro como un ramaje de luz,
ni sepas a qué suena la palabra padre,
ni qué significa maestro
ni qué hondo rumor entibia la palabra amigo.

Puntos cardinales

Allí estabas con tu sangre joven
poniéndole fulgor de nombre
a lo que era hostia que emergía de las aguas
en un cáliz profundo
donde comulgabas con la sangre en punta
ante tanto cielo concentrado en un aro de luz
que ascendía y te llevaba
hasta el cenit
más allá del éxtasis.

Por eso tenías que volver de nuevo
a sacar la luz de entre las aguas
para que rocíe de naranja o plata al mar
y afile la piedra cruda de los acantilados
y vaya poniendo en cada rincón de tu suelo
la hechura primera del deseo:
el pie intrépido que lanzaba
su frágil tacto sobre la zahorra
que sería más tarde roca o mar,
o bien aquella mirada que daba forma
a la angosta verdura del norte
o a la esquilmada desnudez del sur.

En ese paisaje aprendiste
el abecedario de la voz
y con él fuiste balbuceando tu palabra.
Por eso, ahora tenías que tornar
a la comunión de sus acantilados.

Ventana

La ventana mira al mar
al agua azul que es todavía un ímpetu,
un deseo apenas concreto,
un ansia de luz, de ahondamiento vital.

El mar de isla está ahí
ante tus ojos que lo crean
porque proyectan sobre él
el impulso de una sangre joven
que se siente saltar bajo los músculos
y afinarse en el tacto de los dedos
y en la tibieza de los labios que esperan
tocar,
palpar,
penetrar otro mar más dulce
o más rumorosamente vital.

Se ha vuelto al lejano comienzo de la luz
con los pies firmes sobre la diluyente zahorra,
sobre la negrura de la lava,
sobre los resquicios que sostienen
y ciernen al deseo
quitándole su fuerza más tenue
porque aquí no se trata de llanuras,
de continentes,
de vastos territorios que no terminan.

Aquí todo tiene la temblorosa economía
de un mendrugo de tierra,
de un pedazo de lava en punta sobre el mar
y por eso es precaria la vida
y los recuerdos son más frágiles
y más transparentes los sentimientos
y más elemental la dicha.

Presente

Lo que tú tienes ahora
es comprobado presente,
presente único al que te aferras
hincando los dientes y las uñas,
irguiéndote desde el desafío de tus senos
para apresar este momento de isla
en puntiaguda trabazón
con el azul del cielo
y hacer que por tu cuerpo virgen
corra toda la algarabía de aquel tiempo
de ahora que te bautiza
con su agua de mar,
con su retama, su palma,
su albor limpio de piedra
para que renovada vuelvas
a esa primera isla de ilusión
y te deshagas de tanta marcha vana,
tantos temores,
tantas angustias,
                    tantos cajones
donde han parcelado netamente
eso que algunos llaman vida
y que sólo es la inercia del parásito.

Este presente en que te vives
no tiene nombre
pero tú lo sabes verdadero
porque lo estás palpando
en cada resquicio de tu cuerpo
y en cada recodo del paisaje.

Este presente es tuyo
como ese brinco de mar a cumbre,
de senos a muslos,
de sangre a piel.
Tuyo como los acantilados
que se yerguen velando tu luz.

Isla

Porque eres isla
te sabes prisionera
rodeada de mar
y techada por el cielo.

Te sabes precaria
como un mendrugo de lava apagada,
de esponja dura que alguien tiró sobre las aguas.

Pero aunque sin ríos,
sin llanuras,
sin los vastos dominios de un continente,
vives.
Vives apretada sobre ti misma
con un ansia siempre a flor de ser,
en punta,
rozando el arco de una flecha
tensamente en ciernes,
sintiendo que la sangre te corre por la piedra

de tu musculatura
y cuando se torna tacto
toda la piel se te amanece
como si fueras un terreno fértil y joven
que empezara a brotarse de retamas,
y ya no eres isla prisionera
en una jaula azul de aire y agua
sino que jubilosamente madura
te desgajas en palabras
que irrumpen gozosas y te dejan
limpia, recién estrenada,
dura y al mismo tiempo frágil.

Entonces te liberas de tu destino de isla
y te alzas más allá de la sangre,
de la piel, de los músculos
y así crecida te levantas sobre ti misma
afirmando tu derecho a ser tierra vertical
que aspira a la permanencia
aunque se sepa sujeta a la mar
y coronada por una falsa bóveda de aire azul.

Sin puerto

Sobre la pradera azul de tu niñez
ilusoriamente avanzas.
No hay horizontes que limiten tu mirada:
agua bajo tus pies,
agua frente a tu cara.
Bóveda de azul sobre tu cabeza,
azul infinito a tus espaldas.

Nadie te cierra el paso,
estás en tu mar,
tu cuerpo es arena,

es diente de espuma hundiéndose en la playa,
es brisa de ola,
es alga.

Estás en tu centro preciso,
en la punta alborada de tu ansia,
liberada de la tierra, de la huella,
de la raíz que no te ancla,
que no te puede anclar a ningún puerto
porque has anclado tu voz
en mitad de las aguas.

Niñez

Aún no has estrenado tus colinas
pero tus pies ya danzan ligeros
entre las espumas
y has sentido en tu infantil insomnio
la brisa ondeándote la falda,
levantándote el menudo cuerpo,
palpándote con palabras que torpes
se enredan de tu vestido
y se te enmarañan entre los dedos
como anillos mal puestos.

Has empezado sin saberlo
a tantear el misterio
y ya te acosa el afán de luz
descorchando el silencio,
poniendo carne de sílabas, de consonantes,
al blancor de la página que te reta
desde su virginidad,
que desafía tu temblor de voz incipiente,
que te obliga a que la surques
con la brisa de tu vestido
y el oro de tus anillos mal puestos.

Tu cuerpo aún no sabe de qué está hecho,
qué palpito de sangre,
qué cima de senos,
qué hondura de muslos,
qué deseo de luz
lo alzará sobre una isla en punta.

No lo sabe
pero intuye su futuro afán,
su sed de mar adentro
y su desnudez de acantilado.

Despertar

Comenzabas a estrenar la leve túnica del tacto
y tus manos torpes estrujaban las hojas verdes
de aquella primavera.
Te intimidaban los borbotones de risas
de tantos dientes blancos y tantos brotes nuevos
pero la agreste algarabía de tus senos púberes
la sentías salpicándote el vientre.

El cuerpo trenzado sobre sus músculos y su sangre
no era mortal,
era único en la verticalidad de su deseo
y se erguía desde sus muslos para anunciar a la aurora
que irrumpiría haciéndose flor en otro tacto.

La vida,
ese borbotón que olvidamos por llevarlo tan ceñido a
                                     [nosotros,
se te evidenciaba en el guijarro más diminuto, en el
                                     [más pobre.

Todo adquiría la importancia de lo recién estrenado
porque estrenabas el cuerpo poblado de múltiples
                                     [antenas

que captaban las tonalidades azules del mar,
la dureza hiriente de los acantilados
y el verdor siempre milagroso del paisaje.

Te aupaba la firmeza de ser,
de poder palpar el rumor de tu cuerpo
en pie sobre la tierra
y sentir cómo discurría la sangre por tus venas
y el jinete del pecho se descompasaba
acelerando su trote de caballo joven.

Presentías la luz y a ella ibas
con todo el ímpetu de tu primer deseo.

El rayo de luna

Un rayo de luna en el pelo oscuro de un hombre joven
y detrás sosteniéndolo
los acantilados sobre un mar plata de noche.

No sabes cómo se ha quedado prendido del tiempo
y recurre ante tus ojos que lo contemplan siempre
sin terminar de asombrarse.
Tanta blancura no se ha dado más en tu cauce
ni han temblado tus pulsos
con esa dolorosa intensidad de lo perdido.
Pero importa que lo plasmes,
que le des la libertad de cárcel que todo poema conlleva
y que te lances a rescatar su holgura más íntima
que desconoces
aunque en ello te vaya la paz,
esa que tanto cuidas
y te rompas entre tu afán sereno de tierra firme
de continente bien protegido,
asegurado contra el riesgo del mar

y tu sed inaguantable de isla,
de desolada verdad cuesta arriba.

No estarás sola.
Te acompaña un gajo de luz
que pudo haber sido ardor de poema
—hijo de tu sangre en punta—
pero que no lo es aunque te siga fiel
en tu marcha a tientas de la luz.

Juego

Era sin duda tu primera raqueta
aquella que fuiste sin saberlo
modelando con tus manos
y dándole la hechura justa
para tus dedos.

Primero se te escapaba resbaladiza
ante un golpe de pelota
y la pared se te venía encima
con su zahorra irregular
y te caías quemada de cansancio.

Pero tu brazo fue adquiriendo
la firmeza del puño
y el adecuado juego de los dedos.

Empezaron a ser tuyas raqueta,
pelota y pared a un tiempo
y cuando te lanzabas
ponías en ello toda tu sangre
en fervorosa trabazón con el misterio
sabiendo que la pared devolvía
siempre el golpe

y que tenías que estar alerta
para un ángulo nuevo, no previsto,
o quizá para un ímpetu más fuerte.

Esta partida juvenil
sigue cediéndote un puesto
en esta cancha de soledad.
Ya no puedes volverte atrás
porque la sangre en pie
y los músculos tensos
                    te lo impedirían.

Insomnio

Ocurre que sin darte cuenta
tocas el lomo de un viejo libro
y te saltan disparatadamente
sobre los dedos
tus doce o trece años
y el tiempo que era un muñón,
un decapitado,
vuelve a su prestancia de cuerpo entero
y la voz se te desboca por las pimenteras aquellas
a orillas del barranco
donde te columpias
demasiado cerca del borde
peligrando caer
pero tú sigues allí meciéndote
aunque disimulas tu cáscara de miedo
mordiendo las semillas negras
y desgranando —como en un juego inocente—
las palabras que no son canciones
sino un brinco asustado de columpio en el aire
y al borde del barranco
peligrando caer

pero el miedo te da fuerzas
porque es un miedo con palabras
que se te crecen
y te arrojan en el vértigo.

Por eso
cuando se oyen las voces de los mayores
y la alarma cunde escurriéndose de niños,
tú te quedas a saborear sola
tu cáscara más dulce,
la más amarga,
y el columpio de las ramas
se eleva impulsado por tu afán
y ya es aire verde
y hondura de barranco
y vilo de locura
que te dispara más allá de tus miembros
y te hace dueña de un mundo nuevo.

La azotea

Subías juvenilmente a la azotea
porque te pesaban poco los años
y arriba te esperaban blancas
como sábanas tendidas
las páginas que no habías tocado.

Era casi un rito,
un desayuno del alma,
levantarse ligera de tiempo
y subir de dos en dos las escaleras
—la piedra de la isla
se había parado como asombrada
a la orilla del mar—
y tú abrías las páginas del mundo

inéditas para ti
porque aún no habías derramado tus huellas,
la impronta de tu pulso agitado,
el brinco de tus senos
y la desazón vital de tus muslos.

La voz que agigantaba tu cuerpo
recién estrenado
era tuya, tu poseída,
la posesora de tu luz más íntima
y allí cada mañana
en comunión de luz y agua
mientras el sol salía del horizonte
tú te liberabas
encarcelando entre palabras
la blancura de las páginas
como el que encierra palomas blancas
en jaulas aún mal hechas,
pero ansiabas, esperabas moverte holgadamente
por las palabras
y que tu voz fluyera libre
como las sábanas que ondeaban en la brisa
y poder decir un día
íntegramente
toda tu desazón en punta de isla.

La plaza

¿Ves qué sencillo?

Todo consistía en dejar sueltas las riendas
y volver a sentarse en los mosaicos
de estos bancos
y ver el agua
que las ranas multicolores de azulejos
curvan en el aire.

El vocerío estudiantil que te aturde
no cuenta en el tiempo,
es tu propia voz juvenil múltiple
en otras gargantas y cuerpos tuyos.

Esa muchacha de pelo oscuro
que lleva un libro bajo el brazo
eres tú
y esa otra que está sentada
y aquella que acaba de llegar.
Todas son la múltiple imagen
del cuerpo que estrenas cada mañana,
ese cuerpo con el que le tomas
como un médico
el pulso al paisaje de tu isla
(las palmeras están alborotadas
porque ha soplado el viento sur,
los acantilados limpios de niebla
apuntan sus aristas crudas
en un vano intento de perforar el aire
y al mar lo están picoteando de blanco).

Aquí en la plaza
las ranas impasibles
tiran su curva de agua
sobre un redondel de azulejos
y el vocerío estudiantil galopa
desbocado de risas
mientras tú te creces de voz
sin que ellos sepan
que en este banco solitario
un ansia de luz en punta
alborotada de isla
les está viendo afirmarse
y que en ellos
también ella liberada se afirma.

TIEMPO-AMOR

*Debiéramos poder acostarnos uno dentro
del otro como los pistilos entre los estambres.*

(RILKE)

Segundo tiempo de amor

Sí, el aire se repite
y el gesto y la mirada,
la hechura de una voz,
el paso en la penumbra, el tacto,
la luz del pelo,
                    la frente,
el amor.

El amor se repite, se repite,
y vuelve a llenarse de arrebato el ansia
y la vena se puebla de alegría
y brincan
y corren
y saltan por las colinas
los surcos de las horas,
las brisas de las torres,
el agua del río,
las campanas
y sendas que se tocan como cruces
y ascienden,
                    ascienden a la cima
de un nuevo despertar
y anclan su raíz en la tierra,
su quilla en las aguas.

Sí, los labios vuelven a dibujar
su trazo pretencioso sobre el alma
que es colina,
           lluvia,
mirada ensayando leves tactos
sobre el pelo,
              por la frente,
en los ojos,
           en las mejillas.

La ceniza vuelve a ser llama.

Luz

A este tacto me invita toda la luz
que entra por los ojos
iluminando pozos y senderos olvidados,
abriendo cauces desconocidos,
floreciendo en la vena como un canto.

No sé adónde lleva este súbito esplendor
que se me crece en las manos,
que hace capullos de los dedos,
que se me trenza en los pechos
y convoca a la brisa para que ascienda,
para que escale las cimas más lejanas
del tacto, del sonido, de la voz
que no tiene palabra
                sino esta luz,
esta luz estallando su frescura
de labio,
        de música,
de súbita primavera.

No sé adónde va tanto tacto de piel
        que se florece,
        de alma recién nacida al amor,

pero sé que el canto de este camino es vida,
vida en la vena que se crece
                    configurando al tiempo,
                    dándole forma a las horas
para que la luz sea el solo cuerpo
y los tactos luz sean,
                    luz sin palabras
y el silencio todo un cielo de luz,
todo el misterio.

Amanecer

Otra vez tú
y entre los campos marzo
    que se florece
que, lleno, rebosante, sin saber cómo,
se ha inflamado y tiembla
al borde de los tactos,
al borde de la sangre
que rompe sus barreras
y canta.
Canta esta mañana
en estos campos que no saben de marzo,
que están desiertos de algas,
sin el grito-cuchillo de los acantilados
y la espuma,
                    la espuma de la piel de las aguas
rondando las playas de mi cuerpo,
bordeando mi voz,
                    mi voz que pone hechura en tu aliento
para que juntos caminemos
                    por este abril en ciernes,
                    por este mayo a punto de otra luz,
otro momento de amor que se repite.
Y vamos, cumbre arriba,

campo a través,
creyendo que somos primavera de nuevo,
que estallan las corolas y los pétalos,
que juntos amanecemos.

Ojos

Por este verde el mar tiene su ruta
donde trasiegan los peces y las algas,
donde las rocas se afincan sin saber
que nada queda en el tiempo,
que todo es senda, camino abierto,
                              agua,
agua donde la luz se mira,
torna a mirarse, se desgrana,
penetra la piel,
                  llega al misterio
y allí diluye su esplendor,
                    se inflama,
y es fuego,
                    ardor de luz entre las algas,
                    verde calor de mar
                         o de mirada,
ojos que imantan a otros ojos
—un mar en otro mar—
y todo:
            vereda abierta,
senda sin señales,
                    agua.
El agua con su misterio de transparencia,
de cristal puro,
de ruta por donde trasiegan peces
            y crecen algas.
Siempre el agua.

El agua-luz de la mirada.

El tacto de los ojos

Toda el alma está en el tacto de los ojos
en la caricia de sus alas
en la brisa de sus labios
en la seda de sus pétalos.

Todo el cuerpo está en el tacto de los ojos
en la luz que copian los cristales
en la nube que se entibia entre las manos
en la estrella que puntea alborozada.

Todo el misterio está en el tacto de los ojos
en la hondura de sus anclas
en el túnel de su fondo impreciso
en la cueva de su mágica mirada.

Toda la belleza está en el tacto de los ojos
en el agua de su río
en el aire de su cielo
en el fuego de su llama.

Todo el universo está en el tacto de los ojos
en su caricia, su brisa, su seda,
su luz, su nube, su estrella,
su hondura, su túnel, su cueva,
su agua, su aire, su fuego.

Identidad

Me digo «soy» porque toco el borde de tu gesto
y se sumerge mi voz en tu mirada
concretando mi canto en piel de tacto
                    y mi luz
en capullo de pétalo.

                      Por eso sé que vivo,
que respiran mis poros,
que mi sangre se imanta en son de algo
y la fibra de mi voz se conmueve
                   titubeando el poema,
el poema que tropieza, vacila, cae.
El poema que no sabe decirlo todo.

Pero te acercas. O te alejas.
Y mis manos tantean la oscuridad
buscándose,
                   modelando tus gestos,
diseñando tu tacto,
sintiendo su tiempo y espacio
porque otro cuerpo me surca
               y me armoniza;
porque otro tacto responde a mi misterio.

Me digo «soy» porque tú ahora vives
en las horas que marcan mi pasar
y pones nombres a las sendas
              y caminamos la luz,
las algas, las flechas,
             y, a veces, las estrellas
que inventamos cuando reímos.

Sí, me «soy» porque me habitas,
me surcas, me retienes;
porque eres la luz que yo he inventado
para seguir viviéndome.

Mediterráneo

El mar aquí, la brisa, la llanura,
la ola ya es árbol o luz,

la arena que es espuma
                    o fruta
o piedra que levanta su ansia de vida.
Todo es mar aquí.
                    Azul algarabía
de un tiempo que palpa
la piel de sus horas
y se ausculta comprobando su pálpito
de cielo o de mar;
su alegría fugaz,
                    su configurada dicha.

Así en el vaivén del momento
se repiten la ola y la espuma,
se repite el amor
vuelve a vibrar la vida
escurriendo su arena o su agua
afirmando fugaz, ilusa, su paso
por la brisa,
quebrando pretenciosa su huella en las espumas.

Todo es mar.
Mar en la llanura.
Mar en el cielo.
Mar en los pasos por la vida.

Llegar o partir,
cresta de ola que se hincha
para estallar rotunda,
para empezar de nuevo la partida.
Y el tiempo con su reloj de arena
administrando sabio las horas de dolor,
concediendo los granos diminutos de la dicha.

Deseo

Siempre he querido que fuera así, sin tristeza,
sin bordes de angustia donde las horas se alarguen
y se llenen de vacío,
donde los grillos canten porque ha anochecido
                                    [de pronto
y no se sabe si habrá otro amanecer
cuando la luz irrumpa entre las aguas
y los trigos se doren
o maduren los plátanos
o crezca alguna hierba
en la ruptura de una piedra cualquiera.

Sí, siempre he querido que el dolor no bordee
el gesto que se engarza a otro gesto,
el tacto de una piel en otra piel,
el misterio de un latir en otro latir.

Siempre he querido que el júbilo sea un instante
                                    [concreto,
invulnerable,
eterno en su tiempo finito.
Sí, así lo he querido siempre;
he querido que el roce de las manos sea un canto,
el tacto de los ojos un poema,
el silencio la palabra profunda
que lo diga todo.
He querido aunar la luz y el misterio
como en un beso,
un tacto,
una cópula infinita de cuerpos
que se identifican en la materia sin materia.

Sí, siempre he querido que el amor no conozca la tristeza
ni sepa que está bordeando el dolor,
que en él se asienta

a pesar del júbilo,
                    a pesar de la luz,
a pesar del instante infinito de los cuerpos.

Pobreza

Hoy me sobra todo,
desde el verso trenzado muy adentro
mío e íntimo como un hijo
hasta lo más externo:
                    las manos,
                    los ojos,
                    los pechos.

Me sobra la palabra
y no sé que hacer con tanta voz
que se agolpa al borde de los labios.
Camino en mi cuarto y oigo los pasos
de mis pies desnudos
raspear suave sobre el suelo.
Miro al techo y siento
que el cuerpo se me llena de flechas
y la sangre altera su fluir.
                    Apunto tensa.
Dejo escapar la memoria.
                    Clavo la flecha en el recuerdo.
Pero me sobra el cuerpo
porque mi voz no encuentra su eco
en el silencio;
porque hay estrellas que no sé contar
                    y nubes,
                    y algas,
                    y olas,

y algodones tiernos que rozan mis labios
y me hablan de tactos,

de brisas,
de mares,
de blandas arenas.

Hoy me sobra todo
porque me faltan la luz y el misterio.

Despedida

Brilla una luz menos rotunda,
menos blanca y menos luminosa.
El trayecto en semipenumbra se divisa
más allá de los ojos y los tactos.
      (La sangre acelera su latido.
      Caminamos el último tramo de la senda
      donde el tiempo al fin bifurcará nuestros pasos.

      Se acerca la hora del último roce de la brisa
              sobre los labios.
Se acerca el último espacio donde aún los cuerpos
            pueden hincar su luz,
            echar raíces
                  y hojas,
erguirse ilusos con su canto verde de primavera,
decir que viven porque se palpan unísonos,
                  iluminados).
El espacio de la senda se bifurca.
Anochece.
Están a punto de fruta los campos.

TIEMPO-VIDA

El ático

Escalones que suben en espiral
hasta un ático.
Escalones que suben en zigzag
hasta un ático.
Madera carcomida por los años
y un sinfín de otros pies
sosteniendo ilusiones en lo alto,
ascendiendo confiados
paso tras paso
a golpes de corazón,
a golpes de sangre agitándose,
implantando huellas sobre huellas
dándole al tiempo su pátina.

También hoy nosotros ascendemos
por estas escaleras curvadas por los años
empinando nuestras ansias para llegar,
espiral o zigzag,
a esa altura imposible,
a ese único ático.

Poema de cumpleaños

Treinta y seis años después estás sobre la página
en blanco,
        a punto de amanecerte, de respirar
tu primera brisa sin el hilo umbilical,
        sin la atadura a su sangre,
alimentándote de ti,
única ya en hueso, piel y configurada ternura.

Sola en tu treinta y seis años.
Vivida e inédita.
Hollada y virgen.
Nacida y a punto de amanecerte otra vez,
de darte a luz,
de dar a luz a tu palabra,
de ser tú madre del único cuerpo que conoces
y que te conoce,
del único nido de tu útero,
del único espacio que sabes habitar.

Pero no importa,
hoy estás a punto de poema,
en ciernes de un parto repetido y siempre inacabado,
rompiendo con dolor el nido donde vives,
a salvo de lo externo:
siempre del gesto a la mirada,
del amor al amor siempre.
Treinta y seis años amaneciendo.

Primavera

Transita el tiempo como un alga dulce
por estas rocas que no saben de mar,
que están desnudas

y brillan fuertes bajo la luz de un marzo
a punto ya de primavera.

Vuelve,
todo vuelve
se repite el milagro de la luz
y el de la vena alucinada por tanto brote
de vida,
y todo se inunda:
        pájaros como cabriolas de palabras,
        rocas,
        rocas quietas que se llenan de tacto
        y que florecen
        poblando de presencias,
        inundando
la calma renacida de las horas.
Y retorna el ayer,
aquellas otras primaveras
y el mañana se puebla de presentes,
algas dulces que llenan de sol las arenas
y el tiempo infinito ya
sin más historia ni más futuro
que esta súbita primavera.

Elegía de la hierba

La hierba camina sobre el páramo
en un día de sol, roquedas y nubes
        en lo alto.
Camina la hierba del brazo
        de la brisa.

Camina hermanada a los árboles,
amante de su espacio
entre la luz que brilla

y acaricia su cuerpo,
su fluido cuerpo de látigo.

Camina la hierba
como un mar verde-oro
a punto de verano,
a punto de un tiempo
que corre enloquecido
devorando espacios.

Un tiempo marcado por la hierba,
por la brisa, por los árboles.
Un tiempo de futuros,
un tiempo de ausencias
donde no habrá cantos
ni nubes ni roquedas
ni brisas que lleven a la hierba
de su brazo.

Cerezos en flor

Yo no sabía que el tiempo
pudiera salirse de sí mismo y florecer
pero aquel año marzo acercó su hombro a los cerezos
y el milagro se produjo:
    bajo la lluvia fina restallaban como olas
    los festones de los brotes
    y los árboles perdidos
    se encontraban a sí mismos
    y se situaban dentro de su tiempo propio
    engarzando el ritmo de sus ramas desnudas
    a la orgía deslumbrante de sus flores.

Las hojas aparecieron después tímidamente
como si temieran interrumpir la fiesta

de las flores y los frutos.
Fueron viniendo tiernas, suaves,
de un verde joven y luminoso.
Su paso medía el tiempo
como un reloj vegetal:
          llegaban lentamente desde la raíz
          hasta las ramas
          y allí se apoderaban de la luz
          y del calor del sol de verano.

El tiempo salido de sí mismo,
          reverdecido,
era un cerezo en flor,
un reloj de raíces húmedas,
de troncos y ramas florecidas,
de frutos en sazón.

Otro mar

Este es otro mar distinto al de tu infancia.
Aquí la piedra es río,
y el río agua gris petrificada.
Los peces son aquí trigos,
tiernos trigos de oro sobre las aguas.

La espuma aquí no riza a la arena.
La arena es una esponja calcinada
sin la humedad verdosa de las algas
y sin el garabato gris de las gaviotas.

Con este mar tú no contabas
pero aquí está entre pecho y espalda
reclamándote la vida
y debes dársela
aunque aquí no tengas niñez,

ni puerto, ni navío, ni ancla
con que puedas roturar esta tierra
y plantar en su mar tu semilla.

Debes darle la vida,
dejar que la voz te dicte la palabra
porque estos ríos discurren entre tus algas
y los peces ahora son piedras de agua
que brillan bajo el sol
y la arena es llanura,
una llanura azul por donde caminas
sin comprender quizá que tu mar se está llenando
de tiernos trigos que estallan sobre tu sueño
y te levantan
y te llevan
a la estepa azul de esta otra infancia.

Manos

Angustia este vagar sin tiempo en los bolsillos
sin granos de segundos con que desmenuzar las horas
y darle a cada cosa su huella distintiva
para que no se borre nunca
la firmeza de la raíz, del árbol,
de la piedra,
de la vena asustada que sigue su camino.

Angustia no saberse lugar o sitio
donde un monte crezca
donde un río vaya lamiendo orillas
donde una semilla explore su dimensión de planta,
donde pueda la ternura anclar, crecer,
subir hasta la cima del gesto o la mirada.

Angustia no sentirse arado que roture la tierra,
que abra los espacios,

que rompa barreras,
que plante en lo infinito un árbol de luz,
de luz que crezca,
que crezca con ramas en forma de racimos,
con troncos como piedras,
con raíces como venas vibrantes,
con hojas como manos.
Manos que desmenucen las horas,
manos que llenen de tiempo las esferas.

Sequedad

Ya no le sé poner palomas a las horas
y escalar las cumbres del miedo, del cansancio o del
[odio

para llegar al valle, al otro lado,
a la otra cima del tacto y del sonido
y sentir de nuevo el pálpito del tiempo
hecho espacio en mis huesos
y luz creadora en mis manos de fuego.

El tiempo creado por mi huella en la hierba,
por mi paso rotundo sobre la roca virgen,
por mi sed de esperanza cara al espacio,
el tiempo ha congelado su minutero de amor
y su efigie rota en mil segundos dispersos
no tiene un gesto familiar, una mirada,
donde pueda mi piel anclar su tacto
y reconocerse,
alegrándose de su fragor de vena en ciernes
y de su hueso siempre dispuesto a la ternura.
Este tiempo no sabe de alga, de playa, de mar.
Este tiempo es sólo cumbre, planicie y roca
donde las palomas de las horas se van quedando sin
[gestos.

El péndulo

Es necesaria esta verticalidad
de pie entero sobre la tierra
y frente alta en el tiempo.
No caer, no inclinar nunca la esperanza
aún a sabiendas de que se es un junco
junto a la orilla
y que corre un viento feroz por la llanura,
viento que bate la voluntad más firme.

Sí, es necesario seguir por esta estepa
que tiene al cuerpo clavado en su desnudez más alta.

Esta verticalidad sin otro agarre que la absurda planta
del pie sobre la tierra, es necesaria.

Sí, es necesaria la afirmación de nuestros pasos,
la rotunda afirmación que somos vena,
ansia, albor de brisa,
que somos tiempo
y ocupamos espacio,
que vamos como el péndulo:
de la nada a la nada.

Esperanza

Sí, volver a nuestro tacto de isla,
a nuestra primera conciencia del tiempo
y palpar nuestras esquinas más íntimas
sabiendo que allí, en ese espacio,
está la dimensión de nuestras vidas.

Buscar en el surco de las horas
las huellas que nos salven, que nos digan

que nuestro caminar tiene su rumbo,
que nuestros pasos no van a la deriva
sino que apuntalamos ansias
y que nos afirmamos en tiempo y en espacio,
que somos en el mar como una isla,
mendrugo tenaz de voluntad
que yergue su canto cumbre arriba
segura de que todo permanece,
de que todo se va y todo vuelve,
de que el vaivén del agua no sólo llega a la playa
sino que asciende hasta la cima,
y la cubre y la protege
para que su afán de isla en punta
—de hombre en pie de pugna—
no se borre del todo sino que siga
enhiesta sobre las aguas, esperanzada,
porfiando, sabiéndose infinita
aunque sus playas y sus cumbres se desmoronen
y sólo quede el mar,
                                el mar sin una isla.

INVENCIÓN DE LA LUZ

*The greatest mystery is not that we have been flung
at random between the fusion of the earth
and the galaxy of the stars, but that in this prison
we can fashion images of ourselves sufficiently
powerful to deny our nothingness.*

ANDRÉ MALRAUX

*Para los niños Jacinto-Ramón y César
porque ellos también se han inventado la luz.
A Blackie, ahora ya en vilo sobre todas las flores.*

INVENCIÓN DE LA LUZ

Entrega

No digo de otros cantos, de otras huellas,
de otros gestos, de otros pasos,
no digo de senderos múltiples por donde cada uno va
como puede y que todos yendo son válidos.

Yo no sé ponerme en pasos de alguien
ni marcar la ruta a los que siguen;
sólo sé de mi canto,
de mi deriva a tientas de la luz
y de estos gajos de temblor que me alborean el pulso
y me echan a vuelo la sangre.

Y esto es lo que en palabra ciega me digo,
este es el universo que me invento,
la realidad más mía que llevo contra el cuerpo
bien ajustada, la faja que me sostiene enhiesta.
Pero quiero deciros que existís porque yo os creo
a manotazos voluntariosos de luz
y pongo nombre a vuestro perfiles de niebla.
Sois míos desde este vientre donde os doy forma
hasta estos pechos que os alimentan.
Míos sois como mi aliento
y por eso os canto con este gesto que sólo sabe lo suyo.
No sé daros otra huella que esta que llevo,

esta que vosotros habéis trazado en el tiempo
y que ahora en mí se ha hecho espacio,
concreción de cuerpo en el camino,
para que os cante y me cantéis.

Sabed que yo os invento
porque vosotros me inventáis con vuestros gestos
                              [dolidos o alborozados,
porque me creáis con vuestros sueños
y si os digo de mi gestos y mis pasos,
de mi huella ilusoria y mi figura,
de mi isla en punta
y mi llanura de mar;
si titubeo mi desconcierto
es porque estoy diciendo de vuestro pulso en mi deriva,
porque estoy sintiendo vuestro tacto en mi misterio.
Ved con qué alborozado dolor entre mis pechos os llevo.

Reconocimiento

Los tajos son profundos
y a veces corre un cierzo que saja las llanuras más
                                        [umbrosas.
No hay que negarlo, el punzón suele hurgar donde
                                        [más duele
y hay momentos en que las junglas más feraces
se ahogan de sed como el desierto.
El camino a ratos es tan árido que calcina todos
                                        [los pasos
y sabemos de noches donde la vigilia es un cuchillo
                                        [sobre el cuello.
Todos hemos sentido las palabras en cadena
                        [acordonándonos.
A dios lo hemos visto de rodillas y no hemos sabido
                                        [levantarlo.
Todos hemos sentido el miedo del hierro y el cemento.

Sabemos de un instante en que no se nos reclamará
ni se notará la ausencia de nuestros gestos.
Nuestro pulso cambiará de configuración espacial
y de ternura, mas, sin embargo, no se perderá el canto
que todos entonamos al unísono ahora en este
                                        [momento conseguido;
este iluso afirmarse es nuestro a pesar del cierzo,
a pesar de los tajos profundos
y del silencio que acecha.

Nuestro pulso en alto seguirá siendo
iluso fragor de isla en punta sobre el océano;
la energía que hoy nos configura el hueso,
el músculo y la sazón
no dejará de ser porque nuestros gestos se queden
                                        [congelados en el vacío
y la palabra,
esta palabra en ciernes siempre de verso,
se borre de la página
y no haya huella capaz de retenerle la figura.

No dejaremos de estar aquí en este ahora
a pesar de los vientos que crujen voraces sobre
                                        [el cuerpo
y minan el pie animoso que prosigue por la senda.
Seguiremos estando, afirmando que la vida es esto,
este mendrugo iluso de amor entre los pechos,
esta pobre palabra alborozada o transida,
este gesto del hombro en la ternura,
esta tenaz almohada del ensueño.

Proximidad de la poesía

Tenerte así tan cerca, tan vibrante, tan mía,
poder convocarte a mi concierto de luces

y sentir tu turgente cuerpo de palabras,
tu voz mas íntima restallando sobre la página.
Saberte mía desde siempre, desde mis primeros
                              [titubeos en la lejanía
que hoy marca el tiempo
y haber estrenado tu primer pudor de adolescente,
haberte sentido niña enarbolada
y luego mujer cabal en la alegría y el dolor,
haber probado tu primer amor,
haberte herido con el primer desconcierto.

Siempre conmigo, en mi lecho, en mi camino,
en mi furor de ser,
en mis débiles momentos.
Siempre conmigo, palabra alucinada,
siempre conmigo, amor del universo,
siempre, siempre conmigo, misterio.

Soledad de los cuerpos

> *Porque no me entiendes y*
> *no te entiendo, y nos tenemos*
> *que morir.*

Inventamos el tacto vibrante de los cuerpos
y nos damos a él enteramente como si el espacio
no tuviera vacíos insalvables
y el tiempo fuera nuestro para amarnos.
Eso hacemos, amor, girando sobre el gozne
de nuestra percepción de la luz
sabiéndonos unísonos en el conocimiento,
sintiéndonos, sin embargo, mutuamente extraños
(soledad que nos revierte en las venas
aunque sea el tacto un nido de ternura para que
                              [descansemos).

Pero morimos, amor,
morimos este instante del beso de los cuerpos,
morimos ascendiendo,
morimos en la cúspide y en el valle.
Nadie nos ha hecho infinitos de espacio ni eternos
                                        [de tiempo;
somos pobres desoladuras que nos rompemos.
Pero amamos, amor,
universamos la luz.
Somos enhiestos logros del movimiento que se niega
                                        [a pararse;
somos dioses transidos de saberse finitos
y nos inventamos el amor
para poder vivir a contramuerte
y que un día cuando el canto tenga otro sesgo que no
                                        [nos recuerde
puedan nuestras huellas de que hemos amado
seguir encontrándose
y los espacios puedan estallar de luz
y el tiempo pueda frutear la sazón de las horas
e hincarse en los cuerpos el ansia de cumbre
y el afilado estilete del misterio pueda seguir horadando
la piel de la materia, trascendiéndose eternamente.

Invención de la luz

Ventana en luz amaneciendo la gracia de los tactos,
el reencuentro del ritmo de las almas en universo de
                                        [amor,
la sabiduría al unísono de los cuerpos ampliando
                                        [el infinito.

La luz es este momento eterno del amor,
el instante del mundo que se para a reconocerse
en unos ojos, unos labios, un ritmo inédito de pulsos
                                        [viviendo

la aventura de los siglos,
la gran odisea de los espacios que dejan su límite.

Esta es la única vida,
la vida que salva y justifica al tiempo
y afirma nuestro iluso devenir por los bordes
en los que nuestros ecos encuentran sus pasos
y nuestro preguntar se llena del asombro de saberse ser
en pugna de vida,
frágil figura de tierra sobre la tierra,
hombre o mujer pequeñitos pero a punto del abrazo,
de la unión afirmadora que es vida,
que crea más vida,
para vencer al polvo de los siglos
y erguirse, con voz que no se borra;
en palabra,
en canto,
en pincel que recree el color
y así, enhiestos,
con pasos que aprietan nuestros cuerpos a la senda
                              [que caminamos,
ir dejando la huella fatigada pero voluntariosa
de nuestro querer ser espacio en el espacio
y tiempo infinito en el tiempo.

Creación

No existe más gesto que esta luz
que yo he creado,
estrella o dardo de fuego para mi verso.
En ella me recreo,
                    me hago,
me yergo más allá del tiempo,
sobrepasando el espacio,
agitada cumbre o árbol a punto de fruto.

Sé que me creo;
que estoy creando con cada palabra el universo;
el universo de un tacto sonoro de piel,
el de unos ojos en luz,
el de una voz
que surca mi voz y pone palabra en mis silencios.

Esta luz,
este misterio de cuerpos al unísono,
es mi misterio,
mi isla adentro,
mi plegaria en punta,
mi poema.

La canción del estreno

Ya vuelvo a estrenar los labios,
la redondez de los hombros,
los senos, las manos,
las manos para darle forma a otro cuerpo,
los labios para que moldeen mis labios.
Y todo único, nuevo, infinito:
el vientre estrenando el temblor;
los muslos al son de un nuevo canto.

Estoy estrenando el tacto de la piel,
el de los ojos, el del paso,
el de mi huella y mi sombra,
el de mi sangre alborotada de otra sangre.
La hermosura a galope en mis costados,
inédita la luz, siempre inédita, el alba.

Estrenando el amor con cada palabra,
creando con cada mirada,
empezando siempre la vida
en ciernes siempre de la mañana.

El poema

Como esta piedra dura,
este canto afilado del hombre en el espacio,
el poema.
Mi sueño recurrente. Mi sed de niña.
La luz de un acantilado de espumas. El dios que
                                        [me recrea
y que creó ansia arriba de muslos.
Mi palabra. La mía. La más íntima.
La soledad de siglos en mi columna vertebral
en mi huella, en mi paso, en mi sesgo de dios a la deriva,
cara al espacio, abierto;
mi ser recurrente, volcán o isla,
o desazón de saberse repleta de alegría,
llenos los bolsillos de dolor,
de palabra enhebrada afirmando,
dudando, irguiendo la dicha de la voz,
del hálito
                y es el poema.

Y un pálpito que no digo,
que no sabría decir con la palabra
pero que está aquí en este habitar de mis hombros
encorvados de mundo.

Yo sé. Yo lo sé. No necesito otro conocimiento
que la voz en que me roza el poema,
en que me digo y la sed se alza
y me soy
y cumbre arriba, enhiestas, voy poniendo las sílabas.

Acto de amor. De humildad.
Este sabérmelo todo
como quien vive la historia de los siglos
y restalla la luz
y me crea
y me recrea
dios, al fin, entre mis muslos de mujer.

Confesión

No hay más amor que éste que yo me invento
con ritmo de palabra en sazón de voz,
esto que voy diciendo con paso y tacto míos,
este sesgo de luz que opongo a la certeza de la muerte
en los recodos del tiempo.

Yo me lo invento todo:
desde el perfil imantado de cualquier tacto
a la emoción más recóndita del verso en ciernes.
Rompo cauces y lleno cuencos antiguos de un agua
                                        [nueva
que saco de la roca en que asiento mis pies.
Soy una mujer entregada al candor primero del universo;
una mujer que cree en la cintura de la brisa
y en la ternura de una mano sobre el hombro
y por eso digo con claridad, mi claridad, la mía que
                                        [llevo por dentro
como esa punta alzada que es el barro de mi cuerpo,
de mi isla en soledad de mares,
lo que siento
cuando los días tienen un sesgo diferente
y me vibra el mundo entre los pechos
y el alma se me pone toda a vuelo
como si de nuevo me inventara el universo.

Pero confieso mi rubor, ese que llevo pegado a la camisa,
por dentro del cuerpo,
y que me impide afirmar otra cosa que no sea mi
                                        [derecho a soñar,
mi derecho a degustar ese mendrugo de tiempo
                                        [y de espacio
que me ha tocado en suerte,
ese mendrugo alborozado de voz en ciernes siempre
                                        [de palabra.
La palabra. La salvación de mi caminar a tientas de la luz,

241

la que justifica mi asombro de misterio,
mi ir y venir bordeando la hondura no entregada
                                        [del universo,
esa titubeante letra del alma en vuelo
que se alza, sube, baja, tropieza, cae
y se levanta dispuesta al comienzo,
a recrear de nuevo el mundo.

Esta es la fe con que sostengo mi cuerpo sobre el polvo
y mi polvo sobre el viento.

Visitación

Dije «tacto», «abril»
dije «las manos»
un canto desconocido en mi regazo
y una luz nueva en mi andadura.

Era marzo.
Marzo abotonando primaveras
a punto de capullos,
un júbilo de amaneceres entre los brazos
azules de la mañana,
una cascada de risas color de tacto.

Dije «toda la piel»,
toda la orgía de la mirada
verde de mar,
                de alga
punteada de ola en cresta,
de estallido de espumas,
de playa ardiente como el abrazo,
de labio redentor.

Dije «primavera»
y floreció de nuevo la palabra.

Pálpito

Yo toco aquí.
Este es mi espacio.
Mi vena enarbolada.
Mi mano en alto.

Estoy diciendo mi palabra.
Mi voz me va marcando la distancia
de la página que estreno hoy aquí,
en este trozo de tiempo en que me marco
inédita y recién estrenada.
Y estoy dando de mí la cumbre,
el pálpito seguro de la sima, la luz,
la convicción que tengo de este canto de voz
que me recurre en siglos de silencio.

Nadie me vive.
A nadie llevo en la sangre
donde el universo bulle creándome,
donde lo creo al ritmo de mis gestos,
al tacto del bolígrafo sobre el papel.

Y sé que no me miento cuando digo lo inédito,
cuando canto el júbilo del ser que siento bullir entre
                                        [mis pechos,
el universo que creo con mi paso,
el nombre que me voy poniendo —árbol, río, monte
                                        [o mar— el nombre
que me voy poniendo cada vez que me yergo y digo
                                        [la palabra,
cada vez que mi gesto apunta su perfil,
cada vez que me concreto ilusoria en el tiempo
y me doy forma en el espacio
y me creo real, palpable, rotunda
y creo un universo con hechura de nombres, de voz
                                        [y de palabra.

Todo se estrena y es y se afirma
porque yo lo creo con mi voz en alto.
Todo lo nombro, me lo invento,
porque otras ansias han hecho mi figura alucinada
[de universos
y otros me han dejado su perfil
y me han soñado en su sueño glorioso,
en su ilusorio sueño a contramuerte.

A modo de explicación

Llevarte dentro pero por debajo de la sangre
en este recodo íntimo del verso en ciernes,
de esa voz nunca ceñida a la palabra exacta
porque no hay nada concreto para esta inconcreción
del serse;
no hay perfil ni ala ni cumbre ni llanura
para el cúmulo de voz que irrumpe dentro en alborada
de universos chocando, estallando,
rompiendo toda semejanza de forma, de cauce,
de equilibrio, de lógica, de palabra.

Habitar así el tiempo no habitable
y crear espacios concretos donde el cuerpo
pueda decir que existe
porque el labio palpa la brisa de la piel
y un fuego en dardo penetra la sangre
y suena a amanecer entre el tacto de las sábanas
y se cansan los brazos de tantas gavillas de luz
y el sudor moja la brisa de la entrega.

Pero tampoco es así.
Tampoco se le puede poner límite a la palabra
para que diga cosas que se comprendan,
porque no comprendemos ni la cintura de las hojas al sol

ni el beso de un pie sobre la hierba
ni la huella de una cortina ondeando en la brisa
ni esta palabra que se me escapa de los dedos
y moja de bolígrafo el papel que no es de ningún color
[preciso;
esta palabra que se me queda ancha a la hora
[de la ternura
y no sabe decir el porqué del ser
que lleva mi nombre, que viste mi ropa,
que calza mi número de zapato,
que en el bolso guarda un pasaporte para llegar
[a cualquier tierra
y que tiene un nombre, una profesión,
y una fecha de comienzo;
esta mujer que va conmigo, que me lleva niña primero,
adolescente después
y ahora mujer entera en esta hora de dolor,
en esta hora de vida,
en esta hora de entrega total.

Reconociéndose

Estás en mi pulso,
creces en mis manos,
y cuando la palabra enhebra
su titubeo de sílabas sobre la página
llenas tú mi sangre,
lates en mi ardor alborozado
eres la luz, el aire, la cima,
el canto en sueños de mi isla,
mi azul,
            el abrazo del mar.
Estás y eres la forma,
la huella y el paso,
el hálito de vida entre mis labios.

Tu cuerpo es mi cuerpo,
tu tacto de luz, mi tacto,
tus simas y tus cumbres
son mis faros en la llanura,
tu alga y tu belén son mis algas
tu mar es mi mar,
mi mar, el de la infancia.

Me he reconocido al encontrarte.

Humanidad

Si yo no te nombro tú no tienes un espacio, un tiempo,
ni un puñado de ternura para llevarte a los labios.

Si yo no te nombro tú no tienes un gesto
que afirme tu huella en el vacío
y diga que has sido, que eres,
que seguirás siempre siendo.

Si yo no te nombro tu paso jamás hará eco
                              [en el cemento
de la ciudad
y tu voz no prenderá del misterio su canto único
ni el universo dirá que tu palabra lo ha poblado
                                   [de nombres
y lo ha hecho amanecer.

Si yo no te nombro —si tú no me nombras en tu verso—
en la palabra enarbolada que vas diciendo en isla, en mar;
si no me pones nombre en tu pecho
y surcas con tu paso mi hechura
y me haces huella de tu universo,
el tiempo no ha existido,
ni ha existido mi espacio,

ni mi palabra ha dicho voz alguna.
No habré temblado en la agonía de tu estar siendo,
no habré acunado en mi regazo el silencio de tus horas,
no habrá mi cuerpo sentido en su mar tu cuerpo anclado,
no habré sido infinita entre tus brazos.

Si tú no me nombras,
si no me sueñas en tus sueños
yo no habré jamás existido, punta enhiesta de isla
entre dos ansias de azul,
no habré tenido nombre, ni polvo, ni brisa, ni árbol,
                                        [ni figura.
Si tú no me nombras. Si yo no te invento.
No habrá existido jamás el universo.

Vivencia

Voz a voz me estoy nombrando.
Primero el tacto
y aparece la piel alborozada
enhebrando una luz sin palabras.
Después es el canto
y se puebla de espumas todo el cuerpo.
Luego la luz,
la luz para el tacto de los ojos,
para que la mirada escale universos,
penetre las cuevas, los pozos, los fondos
sin fin de tantos mares,
para que sea arena a flor de playa,
para que ancle entre los senos
y vibre en albor desconocido.

Voz a voz te estoy nombrando,
creándote, creándome,
poniéndole hechura de palabras

a cada gesto de tu cuerpo
y a todas las algas de tus sueños.
Te estoy escalando a golpes de ternura,
de pasión, de verso,
me estoy subiendo hasta tu frente en luz,
hasta tu universo,
dándote forma, formándome,
en tus propios gestos, palabras, ritmo
de vida;
           me estoy creando un sueño
para borrar espacios, para vencer al tiempo,
para que sólo la luz pueda existir
y no los cuerpos concretos en el tacto.

Invención

> *quisiera amarte de cumbre*
> *a cumbre, en ondas de luz.*

Otra vez, amor, te he inventado.
He inventado tu suave devenir,
tu paso claro,
tu ala con perfiles,
tu hermosura.

Todo por ti
de nuevo lo he creado
al son de mi andadura,
al ritmo de mis manos.

Te he soñado luz, cielo alto
ciñendo mis espacios,
roce de tacto en mis costados,
suave brisa entre mis labios.

Te he imaginado sangre amanecida
para el ardor de mi canto
y te he acunado en mi regazo.

Has sido la estela, el astro
que acompañó mis horas,
el brazo que sostuvo mi cintura.

Te he inventado, amor,
para que mi cuerpo
concretara su huella de luz,
su brisa, su paso.
Te he inventado
para que mi fugaz devenir fuera
un canto continuo de cumbres,
un canto de infinitos espacios.

Marzo

Se aproxima marzo. Mi mes.
Lo estoy sintiendo brotar por todas partes:
su borboteo de verdes,
su olor, sus campos en luz,
el chorro crecido de sus aguas,
su azul.
      Marzo está a punto de capullo,
en ciernes de voz,
al borde del ala y del canto.

Lo estoy sintiendo entre mis manos
cansadas de febrero,
lo estoy sintiendo crecer y erguirse,
le estoy dando forma, cuerpo,
poniéndole hechura de palabras,
          gesto y voz;

lo estoy acariciando con la mirada
y dándole la luz,
                la levedad de los tactos,
el alborozo de la sangre amanecida,
el ritmo armonioso de los cuerpos.

Estoy amándolo en la colina con lluvia
y en el prado a punto de verdes
y en las aguas desprendidas de los hielos;
lo estoy amando, acunándolo en mi útero,
como al hijo,
                al hijo eterno, incipiente,
que llega siempre con cada primavera,
al hijo que no quiero que el verano incendie
ni el invierno hiele.

Estoy amando a marzo, mi mes,
al amor que se repite con cada primavera,
al amor que hoy se llama marzo o luz
o tacto o tibior a punto de poema.

Sueño

Estoy aquí en este sueño, alta en la copa,
los pies bien enraizados en el suelo,
dándole forma a todo,
inventando el rumor del paso,
el grito de la sangre,
los cimientos de mi huella ilusoria,
creándote, amor,
creando el hombro y la ternura para mi cuerpo.

Y no hay más ritmo que éste que yo invento
enhiesto en mi figura, absurdo lo sé pero alto,
alto, en cuesta arriba, en punta de misterio,

perforando el espacio,
asaeteando al silencio,
pugnando por ser cuña hendida entre dos cielos,
dos mares, dos espacios azules que se miran
y en medio yo, pequeña, diminuta,
ilusa con mi mendrugo de tiempo en las esquinas,
con mi palabra alborotada, con mi temblor de sueños
en son de vida, de esto que no me borre,
que no me lleve olvidada en el tiempo
sino que perfile en pirámide mi figura,
que diga que yo he sido, que soy, que seguiré siendo
porque me invento el pájaro en arabesco de aire,
la bruma deshilachándose,
la primavera en verde de los árboles,
el ritmo misterioso de los ríos, el mar,
el amor.

El amor haciendo y deshaciendo mi cuerpo,
mi figura,
creándome a su imagen y semejanza.
El amor soñándome en su sueño.

El sembrador

Tus labios, tu pecho, tu peso de hombre en mis senos,
tu arado abriendo en surcos mi tierra.

Pero no tienes más cuerpo que este contorno de lumbre
que aflora en mis pulsos,
este sesgo de voz que late en mis venas
y tiembla en mis manos
y sube a mis dedos en blanco de páginas.

No tienes más cuerpo, más nombre,
más paso, más eco,

que esta palabra que digo a solas,
esta que me invento para darte forma,
para crear para ti mi universo de voces sin voz,
de soledad creadora,
de cumbre enhiesta en la llanura.

Me invento tu cuerpo surcando mi cuerpo
pero sé que este mundo de ecos que habito
es sólo mi sed de silencios profundos
donde siembra mi voz su palabra,
donde deja mi huella su tenacidad de vida,
donde venzo al polvo del camino,
donde sujeto mis bordes de tiempo.

La altura imposible

Este canto que decimos, este asombro de palabra
que nos brota en las venas y nos alza de súbito,
esta voz que se nos crece dardo inquieto en los pulsos,
todo esto de ahora y de siempre
que llevamos en lo hondo y a flor de luz,
debiéramos poder tenerlo eternamente en los labios,
bullendo en nuestro ritmo de mar,
creciéndonos en son nuevo de vida a cada instante,
afirmando nuestra huella ilusoria en el cemento,
irguiéndose en la cumbre que aspira al azul,
perpetuando su tiempo, su espacio acotado, su sueño
                                                    [de luz.

Que fuéramos tan cúspide, tan albor perenne de palabra,
que nada supiera su concreción de tacto, ni el amor
con que nos surcamos los pasos por la vida,
ni el dolor con que nos vamos creando universos.

Canto

Más alto el amor en este canto de espacio
que copia tu cuerpo azul amando la luz desconocida
                                    [de los tactos.
Todos tus gestos en este instante
acoplando los valles y las cumbres que vibran
porque tu sangre bulle en la tierra;
tu sangre de río y de guijarro
creando la brisa y la cintura de las hojas al sol
y el labio avaro de los montes
y dentro
la vida creándose más vida,
el movimiento continuo de los siglos
para amar; para poder decir que somos roca o árbol,
polvo olvidado pero enhiesto en los bordes del camino,
para poder decir que somos ansia arbolada de universo.

TINIEBLAS

Reflexión

Desde este ancho diván el tiempo existe,
las horas caen en cojines sobre el sueño:
la ventana encendida de luz, el reloj rojo a lo lejos,
el marco de realidades probables que nos frenan.
Imaginar otro momento, otro sesgo nuevo en el espejo
y soñar que sólo se existe desde dentro,
que todo lo demás, desasido de tacto, fluctuante,
pierde la concreción, la existencia más clara
                            [de los espacios.

Sí, desde aquí todo es invento.
Hasta la voz inventa la palabra para ir
diciendo cosas que no se entienden,
ninguna claridad que salve, que sujete,
que explique la soledad.
Inventarnos desde el tacto hasta la mirada
y crear las atalayas confinadoras de los cuerpos
que nos dicen que somos raíz en tierra,
grano crecido de agua y sol que alimenta
nuestra ilusoria presión de huella
que imprime los caminos
con su eco especial de pie en marcha.
No siempre sabremos ir a tientas de esta desazón
                            [de espacio

que nos confina y de este agobio de tiempo
que marca un fin de tactos, de cuerpos
que en su ritmo compartido encuentran un universo
                                        [de amor.
Pero hay que ir viviéndose en todo el cúmulo
de tiempos inexistentes que nos desgajan
y espacios ilusorios que distancian
el eco de campanas en un momento de amor,
ir viviéndonos en universos creados por nuestro
                                        [nombre de luz,
de faros, de lunas, de aguas, de monasterios,
de tiempo.

Tiempo

Las horas están marcando el alto en el camino,
el final de los tactos a pasos conseguidos,
conseguidos a fuerza de la espera de hojas con gesto
                                        [de cintura
y labio a flor de canto para el instante exacto
                                        [del encuentro.

Hay que preparar el sitio de la ausencia con risa,
con alegría,
con la ligera entonación de la palabra.

Adiós no existe.
No existe el hueco del vacío sin voz,
sin gesto, sin nombre que te nombre,
sin sangre que bata en la piel toda la sangre.
Las horas, sabias como siempre, preparan su partida
hacia otros espacios que se cruzan con estos de ahora,
con estos de este momento en que el amor se ha
                                        [puesto de maleta y billete.

Se cruzan los espacios.
Dentro, un choque de ternura rompe la luz.

Todo es distancia.

Ausencia

Tu gesto así ausente en la almohada
para que yo lo llene con el eco de mi cuerpo
reposando junto a mi espacio sin ti,
para que te recree, amor, en huella y voz
y sea mi palabra luz de mirada
o tacto sonoro de piel en vuelo,
                              de luz,
                              de luz más alta y más entera.
Tu ausencia, la de siempre, la que sé llenar
con la cresta apresurada de la ola,
redondea mi soñar de esta noche sin sueño,
sube y baja a mis esferas de manos sin arcillas
                              [modeladoras
y siento su tierra apretada a mi latido en punta de lava;
siento su río inundando mi mar,
su concreción ardiente de cintura rodeándome
y te recreo. Te invento. Te doy forma en mi sueño.

Tu ausencia hoy la recreo en mi verso,
en mi palabra más mía, el pequeño universo mío
al que tú llegas creado por mi voz, sin cuerpo,
pero con sangre, muslos, pecho y venas para mi tacto,
para mi paso solitario en tu eco inexistente.

Y, sin embargo, estás ahí entero en la llanura
                              [de mis pulsos,
en la copa y la raíz, en el cemento de ciudad,
en mi escritorio a cualquier hora azul.

Estás porque te invento, amor, al inventarme
[la hechura
de la voz, el gesto, la huella y la mirada
y ese cúmulo iluso de palabras con que me voy
[en silencio viviendo.

De ángulos

Desde este ángulo la vida trae más dolor,
esquinas agudas donde la brisa
en tajos corta la piel del aire
y sube por las ansias una luz de sol a pleno día.

Pero es bueno atragantarse así de voz
sin darle la salida concreta de palabra,
sintiendo bullir oscuro en el espacio
los huecos infinitos sin tacto,
sin el alborozado rozar de los pasos en compañía
sin saber ya modelar el tibior de la ternura
porque se han borrado las sendas
y no hay camino
sino ángulos obtusos que no llevan a ningún sitio.

Vivir. Amar lo más alto
y encontrar la maraña de las horas
curvando los espacios concretos,
ciñendo espadas y cuchillos a la piel,
cortes profundos en el hondón de la mirada
y, a veces, un cansancio sin fin que nos aplasta
para que luego el aire pueda elevar su ala
y tomarnos de amor hasta la cima
y encontrar de nuevo los caminos nítidos,
limpios para la jornada que comienza
con cada sesgo de fulgor,
con nuestra afirmación de la luz pese a la noche,

de la luz en punta de esperanza,
alzada, más alta, más grande e infinita
que toda la concreción confusa de la palabra,
y afirmar así el dolor, la vida,
y afirmar así nuestra huella de amor que no se borra.

Lejanía

Hoy te invento remoto, ausente,
para que tu garfio de dolor apriete mis costados
y sepa de un pozo donde el tacto no existe
y las manos ciegas se pierdan sin modelar
la piel de la alegría.

Te invento lejos para poder sentir cómo la luz no existe,
cómo se quedan frías las sábanas del tacto,
cómo los ecos de mis pies sobre el cemento
no copian tus pasos,
ni mis gestos encuentran la armonía de tus gestos,
ni mi sueño encuentra el recodo de tu cuerpo
para apoyarse.
Estás tan lejos que mi voz se asombra de tu voz,
esa voz que no encuentro en los rincones de siempre
aunque abra puertas y ventanas
y mire relojes y calendarios
y siga fiel el rastro de tu toalla azul
y vea tu cuerpo hundirse en las olas,
vaivén de tu risa en espuma, en alga,
en la arena que roza mis manos,
en la playa desde donde contemplo tu alma
creando las aguas,
poblándolas de nombres,
habitándolas con la levedad de tu cuerpo.

Te invento hoy lejano, ausente,
porque no sé qué hacer con estos gestos míos

sobre el papel del tacto,
no sé qué hacer con la mirada,
con los labios que piden luz,
con las manos huérfanas,
con la piel en plena noche.
No sé qué hacer con esta voz huérfana de palabra.

Mar sin ti

En la madrugada de dios el mar me canta
tu ausencia de alga en mi almohada,
un río de tristeza azul entre las sábanas del sueño,
y soy un paso más, el garabato sin luz de un universo
sin ti, hoy, de madrugada, a punto de ola en cresta
toda el ansia de mis pulsos.

El mar me grita tus gestos
y desboca su labio por mi cuerpo.
No sé estar sin tu arena, sin tu reloj de tiempo
que aprieto avaramente entre mis manos
sabiendo que vaivén no es movimiento
sino invención absurda de mi verso.

Amor, la madrugada bulle escondiendo
las sábanas ausentes de tu cuerpo
y ya no sé subir hasta tu playa,
escalar paso a paso tu cintura,
sentirme espuma a punto de tu tacto;
ya no sé qué peces escurren la mirada,
en qué hondón de luz debo buscarte.

Estoy sin ti. Estoy sin otra luz
que ésta mi página en blanco,
mi momento más mío;
estoy aquí en el verso que intenta tu perfil,

tu tacto, tus gestos
cuando es espuma, sólo espuma,
su esfuerzo de ola a punto alborozado de risa sobre
[la arena.

Te inventan mis palabras. Te recrean.
Te dan luz de mirada, piel de tacto.
Te dan voz y ternura. Te hacen canto.
Pero no sé atraerte a mi cintura,
modelar tu ritmo con mi paso
y ser la isla en punta que tu mar sepa escalar hasta
[la cima.

Dolor

Sí, dadme todo el dolor,
el choque restallante de la dentellada,
el tajo seco del cuchillo cortando la brisa de los tactos,
separando la piel enardecida,
sajando a flor de canto,
rompiendo el ritmo acompasado de los cuerpos
[amándose.

Dadme toda esa distancia de las horas,
de los espacios sin gestos ni pasos que llenar.

Yo quiero dolor, dolor,
acantilados de frío curtiéndome.
Quiero que se rompa el cuenco suave de la ternura
y quedar abierta al tiempo,
desamparada de la luz.

Quiero amar así dolida,
transida de dios amándome,
rota en las agujas de las horas

sin más compás que este vacío huérfano de voz,
oquedad que lleno de distancia,
de gesto no compartido, de pasos sin eco.

Sí, dadme el dolor de ser de nuevo cuerpo ceniciento,
barro dormido,
oscuro hueco sin tacto de luz,
universo de amor desmoronándose.

Orden

Poner en orden todo e ir diciendo palabras
para la huida de la voz;
llenando así el vacío del pecho, el de los tactos
y que no se note que por dentro el hueco se acentúa
y el dolor de la luz es más intenso;
que un mar sin tersuras está latiendo su recodo
                              [más suave
en un intento de acortar espacios,
de pulsar con justa precisión el tiempo
para que no se escapen resquicios por donde el dolor
pueda gritar su dentellada y hacernos daño en la piel
en eso que queda a merced de los aires
y que debemos resguardar.

Así en orden, perfectamente controlado el sesgo
y el eco de los pasos ahora solitarios sobre el asfalto.
Que nada indique lo que pasa por dentro;
que esta explosión de los pulsos,
esta sal de granos ásperos que raya
la ternura de otros momentos
y resquebraja la suavidad de los tactos,
que no se vea, que nadie sepa
que la piedra en hacha se está afilando
y el corte rápido y certero no cesa sobre el pecho,

que caen tajos duros con cada golpe de aire que nos cerca
y no es fácil respirar
y, a veces, no se sabe poner la huella del pie
en la calzada del amor para seguir adelante.

Pero el orden que no se pierda nunca.
A toda costa hay que salvarlo
colocando la sima en la cumbre más alta;
que su tiniebla se vea de cara a la luz y triunfe la luz,
el orden del universo,
la forma que da forma a toda hondura
la única posible libertad para poder seguir siendo
en el dolor: ansia en punta de luz
y en el amor: cumbre en luz de ansia.

Comienzo

El mármol con su mesa ya vuelve a la postura
del primer encuentro de la luz,
vegetales las paredes de la casa encuentran en la brisa
su enclave más propicio.
Lejos, quizá, sonará en otro pino
la campana delgada del verano
y tal vez en el aire íntimo de la casa un aroma
de sándalo o pasiones dibuje arabescos antiguos.
Todo esto es posible que esté rondando los espacios
que fueron amor de madrugada.

Lo creado por la voz vibrante de palabra
no dejará nunca de ser, de serse y de sernos albor
en punta de lo más alto.
Pero tocan de nuevo las campanas en el silencio
que precede siempre a la partida
y hay ritmos claros que sajan el perfil de la brisa más
                                        [esperanzada.

Un ritmo nuevo habrá que imprimir al pulso
y un nuevo sesgo a la palabra
porque el tacto de un tiempo, el de un espacio,
no se repite jamás.
Hay que encontrar la despedida
sin conmover el ritmo íntimo de la voz
y sin que vacile el paso sobre la senda.

Vivir es despedirse cada día de los astros que nos
                                    [acompañaron
y encontrarlos de nuevo, inéditos, cada mañana.
Vivir es amar.
Gastar el recodo de luz que nos han dado para
                                    [el camino
y comenzar donde acabó el día su trayecto
abriendo nuevas sendas para nuevos pasos.

REINVENCIÓN DE LA LUZ

Necesidad

Y habrá que desatar el cinturón del sueño
y recrearlo todo
como al comienzo del tacto de las almas
como cuando florecieron las risas primeras
que hacían ecos de espuma sobre la playa
y volvían las olas, el azul, las algas
con sus alborotos verdes de agua
y una frescura recién encontrada bullía en las esquinas
de los tactos más jóvenes.

Y habrá que ir subiendo en cúspides todos los sueños
a fuerza de caminar, de senda hacia arriba
con la certeza de saber que vivir
es amar por dentro de la sangre
y que el dolor no es aguijón suave
sino tenaza de espacio en nuestros cuerpos
que piden a gritos no tener espacio
ni hora marcada
sino ese sueño de ser a cada instante sesgo de luz,
inconcreción de ala en vuelo
o perfil de viento en la llanura.

Sí, habrá que inventarlo todo desde el comienzo
de las primeras campanas y los primeros tactos del alma

entre los labios
y dibujar el roce de la luz,
el tibior tímido de la piel en vuelo,
el apasionado abrazo de la voz en ciernes de palabra.

Inventar el amor hasta donde no pueda la luz ser más luz
ni el tacto pueda ser más tacto
que el movimiento en movimiento continuo
o el mar en su infinidad de siempres.

Encuentro

Se imanta la palabra y es un tacto la luz
que crece en universo de amor
inundando este espacio huérfano del gesto de tu cintura
y el sol a pleno día como un canto de vena enarbolada
dispuesta a darlo todo en la ternura del encuentro,
dispuesta a no tener más tiempo que este instante
que nombramos con nuestra piel en alborozo,
con nuestro misterio en punta,
en ansia de reconocimiento,
en sed de más, de más altura,
de más misterio, de más cenit,
y que escalemos
toda esta montaña presa que es el cuerpo
y en cumbre desbordemos todo el espacio,
toda la ficción de un tiempo en las rodillas de los siglos
y nos pongamos en pie, unidos, en un solo cenit de amor,
en un solo cuerpo vibrante,
creando nuestro sueño del ser,
nuestro sueño del sentirnos siendo.

Nombres

Estoy nombrándome un universo de tactos,
ojos, piel, labios,
pasos que comparten otros pasos,
mi cuerpo despertando otro cuerpo,
mi voz en otra voz nombrando
la luz de cada aurora,
subiendo las cimas de la piel en alto
y creando con el nombre el ser de cada cosa
que existe porque amo,
el ser que me crea porque me pone nombre de tacto
a la deriva de la ternura,
al son de unos labios que comparten las palabras.

Y existo porque me existe la luz en los resquicios
                              [de mi canto,
de este ser mío amando y amándose.
Y te soy porque te nombro luz siempre más alta
y te elevo creando para ti el universo que estrenas
en el tacto de mi cuerpo hecho por tu cuerpo.
Nombre que estrenamos en cada engarce de las miradas,
en cada universo de amor que creamos,
de voz sin palabras definidoras.
Esta voz en lumbre con que llevamos el universo creado
por nuestra fe en la luz,
en la única luz posible.

Trayecto

Trayecto en vilo del amor que hacemos
amaneciendo en son de gestos,
de huella inacabada en el camino
de ese tacto de nuestros cuerpos a punto de sazón,
de este pálpito del ser descubriendo su hondón,
                              [su altura,

la infinita sabiduría del ritmo de dos voces creando
[la palabra,
la palabra con que buscamos a tientas la luz,
la palabra que nos tropieza en las manos,
que titubea, que cae sobre el papel queriendo
ser fuerza de tacto perfecto
pero no sabiendo más paso que el suyo de lentitud.

Así, trayecto, sendas verdes que vamos viviendo
con paso repetido de otros siglos,
de otros cuerpos en nuestros cuerpos
y otra piedra de luz abriendo la grieta de la fe
que afirma hoy, que nos afirma en este tacto nuestro
que es polvo del camino, hueco derruido,
ruina de tiempo,
pero que también es canto,
canto inacabado,
erguida desazón de dios en nuestro aliento
que funde los espacios que ocupamos
y que nos hace ser la luz única del universo.

La luz.

La luz creada por vez primera
con nuestras ansias en pie.

La luz de siempre que entibia nuestras venas
y alboroza el ritmo de la sangre que afirma
su derecho de ser río que riegue nuestro cuerpo.

La luz. El único trayecto que nos es posible.

Universo

Universo entregado el de nuestros cuerpos
para este holocausto diario del amor
con que nos vamos viviendo en uno, en dos,
en un solo cenit de tiempo

que escalamos gozosos, seguros de nuestra cima,
esperanzados en el camino
aunque conscientes del guijarro y de la arena.

Entregamos nuestra luz, nuestra tiniebla de siglos,
para sabernos nuevos, inéditos en la alegría
de un latir compartido,
para seguir diciendo que la huella de un pie,
de una mano arbolada de espacio, es nuestra;
que el gesto que hoy hacemos amándonos
no borra la figura, no es polvo de desierto
sino cielo, roca, mar en el vaivén de las horas,
persistente punta erguida entre dos azules infinitos,
humano ser clavado en el vacío
que afirma su voz,
su huella,
su cintura de luz,
su vida.

Amando

Amar. Vivir. Decir el canto inacabado de las horas
escalando la piel de la esperanza,
esperando ver la luz, el cenit del día,
describiendo paso a paso la pugna del ser,
del afirmarse, barro enardecido a través del canto,
como si la lluvia no horadara la roca
ni los cataclismos resquebrajaran la tierra.

Erguirse enhiesto.
Clavar el dardo de la fe.
Herirse.
Sentir el bisturí del tiempo abrir surcos profundos,
el tajo de cuchillo hendirse en beso
y abrir el cuerpo entregándose.

Estar dispuesto a la ternura,
                        al dolor,
al puñal que clava su luz en nuestro centro
y confiar,
            confiar en el río, en la arena,
en el azul múltiple
porque amar es llenar de vida los bolsillos del tiempo
y darlo todo,
despilfarrarlo todo a bocanadas de alegría,
a manos de dolor viviéndonos.

El dardo

Esta es la alegría del dardo que penetra
luz amplia en los sentidos,
estilete de voz en un canto de tactos;
la armonía de cuerpos,
de sangre saltando pomas de primavera,
alzando sus cúspides sobre el barro,
aleteo infinito más allá de las huellas concretas,
de los gestos que hacen los pulsos amándose.

Esta es la cima alta, más alta,
más cima, más punta desasida de su base,
dardo perdido, liberado del cuerpo
y en el cuerpo preso
                    para ascender
a golpes de ternura,
                de piel en son de tacto,
de un infinito pálpito de luz,
de una hermosura de roca
que se ablanda al sol del mediodía.

Es la luz que se ha hecho espacio,
espacio transparente,

vena desarbolada en la ternura,
en la pasión del labio,
crecido borbotón que nos inunda
que sacude los centros,
                    que nos alza
y en el pico más alto la figura que clava su huella,
que se ancla infinita
                    que ha llegado a su sesgo de luz,
a su hechura perfecta
                    y allí
se imanta y vuelve a ser comienzo,
tierno brote que empieza a conocerse.

Cosmos

No existe otro cosmos que el de nuestros pasos amando
la aurora de cualquier día
y no hay más tiempo que este que nosotros creamos
de labio a labio en flor de mar
a golpes altos de cumbre,
a trazos de humildad de manos
que enlazan su tibior de barro, de risa y desconcierto
de saberse infinitos creando,
amando, faros, entonces, lluvias,
monasterios de luz, lunas altas;
nombrando a dios en nuestro ir abriéndonos caminos
dando a luz este canto de la voz en punta de palabra.

Nadie puede acotar el nombre que estamos dando
                              [al universo,
al universo que creamos a fuerza de sernos
manada en vuelo de pájaros,
ala más allá del perfil,
oscuridad transparente del alga que nos afirma
                              [a la arena,

al movimiento del mar,
al alma que habita nuestros cuerpos sin tiempo
[ni espacio
y que nos alza a esa punta de piedra en luz
donde la huella es perenne como la mañana.

Cuerpo

No sé tener más cuerpo que éste que moldea
tu voz en son de tacto en este instante
de espacio conseguido,
de concreción a voluntad
de acto de fe, de esperanza.

No sé tener más labio, más sangre,
más hechura de cuerpo que este cauce que abres
[en mi tierra,
este surco de amor que vas llenando
con pasos conseguidos,
con huellas de tu canto en alto,
de tu canto en cima, en cúspide,
de tu canto ascendiendo en la entrega del mar,
del cuerpo nuestro que copia a las montañas,
a los ríos, a los valles;
nuestro cuerpo de universo en uno,
de plegaria en punta.

No sé tener otro latir que éste que tengo en ti,
semilla en surco,
grano en mazorca,
savia en la hoja que reverdece,
suave algodón de un agua que por amor es nube,
nube que asciende hasta esa cúspide
que la destrenza para ser catarata jubilosa,
borboteante ternura de piel sobre la tierra,

y ofrenda de cuenco infinito
para tu sed de universo.

Lugar

Un tacto de piedra en la cintura
y la alegría de volver al canto de unas murallas,
de unos siglos que sostienen toda la luz de esta tarde
[contigo,
aquí, en este tiempo que te recrea;
este momento en que te vivo, te invento,
enhiesto álamo verde donde engarza mi brisa su cintura,
donde mi hechura de mar entre dos cauces,
de agua de isla,
se hace borboteo sonoro,
ternura de tacto para tu copa y tu raíz.

Eres paisaje, piedra, luz, castillo, torre,
aguja de tiempo horadando mi cuerpo,
mi cuerpo, entregada luz para tus tactos;
siglo yo, derruido, diminuto, pobre pero consciente
[de que me creas
con tu palabra,
de que te invento con mi voz;
de que somos, amor,
esta almena o piedra o tierra
o flor silvestre
sin escudo ya, sin nombre.

Aquí te amo hoy; te he amado siempre.

Tú

Yo sé de un tacto azul de luz sobrepasando mis esquinas.
Yo sé de un borde claro en mi raíz más íntima,

un son suave que me respira espacio y me hace
                        [infinitas las horas
y me crea la noche
y me amanece el día
y me hace la hechura de las cosas más justas,
más a la medida de mi ansia
una espiga de voz que se me habita en los pulsos
y me susurra su sangre en manantial de vida nueva
y me alza a la punta más alta del ser
y me ata
y me lleva a la deriva del tacto
hecha cintura y brisa,
labio de luz para el espacio,
gozosa mirada que entrega su azul de noche
para que amanezca el día sonoro de cumbres
y escale el perfil de la entrega
y mi cuerpo conozca su abismo y su borde
y estrene universos en sus rincones
y siembre huellas
y ponga nombres nuevos a la dicha de ser,
de palparse siendo
y sentir el termómetro del tiempo subiendo los grados
                                    [de vida,
de fiebre de ansia, de punta hacia arriba en azul
                                [ascendente;
más alto y más azul el pulso,
más infinito el vuelo trascendido de cuerpos al unísono
creándose a imagen y semejanza de sí mismos
en medio del misterio;
misterio total de dos seres amando el universo,
poniendo su huella en el espacio
y palpándose nuevos, inéditos, únicos,
fulgurantes astros en lo alto
y pequeños guijarros en los hollados caminos.
Yo sé de un borde claro, clarísimo,
un borde que resplandece sobre el polvo
y anilla de luz todos los límites.

Un borde donde el labio que se nombra en otro labio
es infinito y más allá del tacto de la piel
sobrepasando la concreción de un espacio,
se eleva desasiéndose de su peso y su huella
y asciende, ala en vuelo, amanecida luz,
a la cima que nunca se corona.

Locura

Locura de tenerte tan isla adentro en mis pulsos
tan sima de misterio en mis raíces,
tan dios.

Locura en el tacto que no es cuerpo
ni ritmo de alientos al unísono,
ni fusión, ni amor,
sino más, mucho más que todo eso de la sangre
del labio o de la piel en ciernes de alborozo,
mucho más que el gesto de las almas reconociéndose,
mucho más, que todo este dolor de no tenerte
aliento cálido en la toalla de cada aurora,
mucho más que este saberme tropel de manos vacías,
de regazo abierto,
de alma hambrienta del dios
que va creando el eco de tus pasos que se alejan
y no copian ya la huella de mis pies
sobre el cemento de la ciudad.

Locura de saberme absurda de voz y huérfana de
                                    [palabra,
de palabra salvadora,
de esa palabra que intenta lo infinito y no lo logra
pero escala cimas y se enarbola de ansia
y cree llegar y se engaña
y comienza de nuevo desde el polvo del camino
y sigue tropezando, cayendo, levantándose.

Locura del poema que no me salva,
que se me queda ceñido a la camisa
o me baila entre la falda
o desaparece de mis manos
para que sienta que tú no estás en mi almohada
y las sábanas se aprieten a los bordes de la cama
y siga sin comprender el universo de este dolor,
de este muñón de sueños a mediodía del que no puedo
                                        [despertar
porque desde dentro de mi voz me estás viviendo
a dentelladas sordas de ternura
y no me dejas que abrace tu vacío
y afirme ilusa la huella de tenerte tacto en mi mirada,
y no me dejo tampoco tenerte aliento de universo
                                [entre mis labios
para ponerte nombre y darte hechura
y ceñirte la voz de mi misterio.

Amor

La vida es el amor.
Es el eco de unos pasos junto a los nuestros
acompañándonos,
el calor de unos gestos,
el hueco tibio de un cuerpo en las sábanas de nuestros
                                        [sueños
y un sesgo sonoro de luz en el amanecer.

Es lo que creamos para seguir viviéndonos,
marcando nuestras huellas en las esquinas de la ilusión,
habitándonos inmensos.

El amor es el poema que todos sabemos escribirnos,
el verso tembloroso de nuestras sangres en cúspides.
Es nuestra sed de dios.

En el poema, en el amor,
nos erguimos y somos seres que vibran en uno
elevando sus nombres sobre el mundo,
afirmando la vida a contramuerte,
diciéndonos palabras que derrotan al tiempo.

Anticipación de la luz

Anticipar el monasterio en alto y la lluvia,
la blancura sin límites de los tactos a flor de luz,
la piel amanecida en unos labios que ponen nombre
                                    [al universo,
que amando descubren su forma y afirman su trazo
                                    [de palabra.

Siempre al borde de la luz, en ciernes del primer tacto,
estrenando con nuestros pasos el mundo, nombrándolo
con el pulso de nuestras venas,
modelándolo con los gestos con que borramos el polvo
                                    [del camino,
irguiéndonos de puntillas sobre el cuerpo para ascender
más luz, más altura, más universo de amor
en nuestros pechos a la deriva,
siempre en son de cumbre, de cúspide
que copie nuestros cuerpos ascendentes
nuestro orgasmo de luz,
nuestra punta de isla sobre las aguas.

Desazón de hombre afirmando su huella,
su concreción de arena y roca,
su sed de espacios infinitos.

Anticipar el tacto desde este ángulo sutil
en que hay distancia y tiempo,
olvido y horas revividas de recuerdos,
es abrir de par en par la luz para el encuentro
que pueden ser palabras,

que puede vestirse con el lenguaje familiar de unos gestos
y puede ser, también, todo el silencio de los ojos
que miran más allá del simple verse.

Hoy, en este espacio, inmersa en este tiempo
de ahora que marca su ritmo con lentitud,
vuelvo a anticipar el timbre exacto de un pulso
de siglos. Vuelvo a vivir lo inédito
y a crearme la luz que ilumina mi sesgo sobre el papel,
mi paso por la brisa,
mi ser ilusorio siempre en el viento
que envuelve cuanto digo,
cuanto vivo intensamente;
y es que no me miento al hacer el verso,
al darle forma concreta a este bullir
que anticipa el pálpito del tacto,
eso que a veces creemos inexistente
pero que al tocarnos nos crea,
nos vive, nos alza en cuerpo erguido,
en ansia hacia la cumbre
y nos sentimos inmensos porque amamos
porque penetramos el misterio de otro,
nuestro propio misterio compartido,
                                        hecho fuego,
lumbre de camino acompañándonos.

Hoy anticipo toda la holgura
de dos almas que se reencuentran
y mi voz palpa la luz del ser,
palpa el universo.

Fe

La fe está en la huella que dejamos a cada instante
en las esquinas del ser,

el vivirse a contramuerte horas y días,
espacios que creamos con un gesto a la deriva,
firme decir que nos afianza
en la noche como si un mar de pájaros cantara
                              [en la oscuridad
y la luz amanecida irrumpiera en el horizonte
creando este concierto de sol que nos alza
para que podamos seguir desgajando nuestras
                              [tinieblas ocultas.

Porque no hay día sin su íntima porción de noche,
en ella creamos y es la que nos crea,
la que da el ritmo y el pulso de nuestros pasos,
la que, alzándonos, nos perfila y apunta en gajos jugosos
de la luz más nuestra.
Avanzamos por la noche a tientas siempre del amanecer
donde nos buscamos los siglos de misterio,
donde sufrimos,
donde la risa es catarata de espuma
y los gestos se humanan con la ternura más sencilla.
Estamos en la noche, desnudos,
abiertos a la luz amanecida que intuimos
que vendrá cuando se apaguen los mendrugos
                              [silenciosos de las estrellas
y un ritmo claro y único, un ritmo repetido,
se nos hinque en el cuerpo como un cuchillo de voz
y amanezcamos gloriosos cantándonos la vida.

Nuestro cuerpo

Nuestro glorioso cuerpo,
nuestro pobre cuerpo transido
apretándose a su carne de días,
a su mendrugo de espacio,
poniendo huellas ilusorias en los ámbitos

que creemos nuestros porque marchamos
dejando trazos que simulan permanencia.

Nuestro iluminado cuerpo,
nuestro desolado cuerpo erguido
sobre el cemento
diciendo, enhiesto, que es,
que afirma paso, que calienta voz,
que bulle pecho, que arde deseo.
Nuestro ilusionado cuerpo,
nuestro triste cuerpo dolido
que no admite su frágil hueso,
su débil ternura, su precaria simiente,
que no admite edad de polvo
sino que yergue su perfil en cumbre
y alza su llanto en cono de entrega
y aunque es mármol caído
y hierba silvestre en las ranuras de las piedras
se levanta a sí mismo desde su propio cansancio de siglos
y traza su pauta estrenando a otros que han sido,
a otros que seguirán siendo
y dice que se inventa la luz,
que nombra los nombres
y afirma la vida
creando el amor,
entregándose al candor primero del universo.

Justificación

La única justificación de este estar nuestro
es el instante glorioso de percepción,
el poema en ciernes, siempre en ciernes de palabra,
no conseguido nunca
sino imaginado en los sesgos diversos de la voz.

La única justificación es el amor con cuerpo claro,
con músculo hebroso y caricia ruda,
con suavidad, con mordida de beso.
Todo el cuerpo,
todo el poema,
pero sin la palabra exacta,
sin la caricia concreta de piel a piel,
sólo el instante que no tiene pasado,
que no se prolonga en futuros probables,
el ahora,
este ahora que está siendo alborozo desasido
                              [de tiempo y espacio,
dios no eterno ni omnipotente
sino ser vivo,
vivo en el músculo, vivo en el hueso, vivo en la médula
                              [del alma.

La justificación es esta huella que no se deja nunca
en ningún camino,
esta huella que dibuja su trazo de amor, su trazo de vida,
su trazo de poesía,
en la brisa de todos los amaneceres.

Victoria

Tenaz porfía de huella indeleble en el tiempo,
afirmación rotunda del ser sobre las horas,
del ser en el espacio,
cumbre siempre más alta, más altiva, más en punta
                              [sobre la nada
sin otra meta que afirmarse en la deriva de los siglos,
erguirse sobre el papel, palabra abierta,
voz imantada de tacto, de amor.

Así viviéndose porque la oscuridad existe,
porque hay huecos en los cantos,
y vacíos profundos en las ranuras de los tactos
y porque todo es luz, luz inventada por los pasos
que pisan implacables las arenas cambiantes de los días.

Invento infinito el de este amor que yergue
su punta de isla entre llanuras azules
y alza su tacto sin espacios confinadores,
sin tiempos contando el ritmo de las horas.

Vence la luz. Vence el día. Vence la pugna
del ser siempre a contramuerte,
siempre en son de cúspide,
siempre distendido, en alto, amando,
abriéndose a la luz, hiriéndose,
cayéndose, levantándose,
dejando su huella en las esquinas,
rompiéndose los gestos más íntimos
para dejar en cono, en cúspide, en cumbre,
su vulnerado decir de voz y de palabra.

84-245-0133-0, 448 págs.

COLECCIÓN ESPIRAL
SERIE FICCIÓN
Formato: 20,3x11,3cm

4 *Historia de Sainville y Leonore.* 4ª ed. es el primero de los ocho títulos del MARQUÉS DE SADE que se incluyen en esta colección en ediciones íntegras de traductores especializados, números: 20, 23, 33, 34, 35, 57 y 119.

COLECCIÓN ESPIRAL
SERIE ENSAYO
Formato: 20,3x11,3cm

84-245-0145-4, 450 págs.

5 *La diseminación.* 2ª ed.
JACQUES DERRIDA juega con la
pluralidad de los sentidos de un
termino hasta hacer estallar la
noción misma de sentido; aquel
sobre el que pretenden fundarse
todos los discursos racionales.

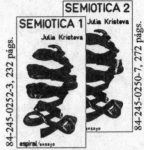

84-245-0252-3, 232 págs.

84-245-0250-7, 272 págs.

25 *Semiótica I.* 3ª ed.
26 *Semiótica II.* 3ª ed.
JULIA KRISTEVA sienta las bases
de la ciencia del conocimiento
materialista. Hacia una nueva
comprensión del texto y del
origen del sujeto en él y en la
historia en general.